ESCALA DE CALIFICACIÓN DEL AMBIENTE PARA EL CUIDADO INFANTIL EN FAMILIA®

TERCERA EDICIÓN

Thelma Harms   **Debby Cryer**   **Richard M. Clifford**   **Noreen Yazejian**

Traducción por Victory Productions, Inc.

TEACHERS COLLEGE PRESS
TEACHERS COLLEGE | COLUMBIA UNIVERSITY
NEW YORK AND LONDON

Published by Teachers College Press, 1234 Amsterdam Avenue, New York, NY 10027

Copyright © 2020 by Thelma Harms, Deborah Reid Cryer, Richard M. Clifford, and Noreen Yazejian

ERS® and Environment Rating Scale® are registered trademarks of Teachers College, Columbia University

Cover design by Warren McCollum

ISBN 978-0-8077-6354-4

Printed on acid-free paper
Manufactured in the United States of America

27 26 25 24 23 22 21 20   8 7 6 5 4 3 2 1

Índice

Acerca de los autores

Thelma Harms, Directora emérita de desarrollo de programas de estudio del Frank Porter Graham Child Development Institute, University of North Carolina en Chapel Hill y Directora de Environment Rating Scales, Inc.

La doctora Harms posee reconocimiento internacional por su trabajo sobre la evaluación de programas educativos y cuidados infantiles. Su temprana experiencia como directora cargo como Directora de Desarrollo de Programas de estudio en el Frank Porter Graham Child Development Institute, la preparación para ser coautora principal de las 4 Escalas de clasificación del ambiente (ECERS, ITERS, FCERS y SACERS). La mayoría de sus recientes cursos de capacitación y consultoria a través del Environment Rating Scales Institute (ERSI) han estado enfocados en la preparación de profesionales para el uso de las escalas de investigación, asistencia técnica, capacitación y evaluación de programas en Sistemas de Calificación y Mejora de Calidad (Quality Rating and Improvement Systems, QRIS) y proyectos similares de mejoras de la calidad en los Estados Unidos y fuera del país.

Debby Cryer, Científica emérita del Frank Porter Graham Child Development Institute, University of North Carolina en Chapel Hill y Directora de Environment Rating Scales, Inc.

Actualmente, la doctora Cryer está jubilada y trabaja con el Environment Rating Scales Institute. Fue investigadora principal en el estudio nacional sobre Costo, Calidad y Resultados en los niños en Centros de Cuidado Infantil *Cost, Quality and Outcomes in Child Care Centers*, continuó con esos intereses en el Estudio de Educación y Asistencia Infantil Europea *European Child Care and Education Study* y estudió los efectos de brindar continuidad en la asistencia a bebés y niños pequeños. Es la coautora principal de un programa de estudios denominado *All About Preschoolers* (*Todo sobre los niños en edad preescolar*). Normalmente atiende consultas sobre el establecimiento de sistemas de perfeccionamiento y calificación de calidad. Con frecuencia la doctora Cryer dicta conferencias y capacitaciones sobre las escalas, tanto en los Estados Unidos como en el orden internacional. Es la autora de *All About ECERS-R* y *All About ITERS-R*.

Richard M. Clifford, Científico principal emérito, Frank Porter Graham Child Development Institute, University of North Carolina en Chapel Hill.

El doctor Clifford investigó y asesoró intensamente temas de política familiar y niños, con especial énfasis en el rol del gobierno respecto de proveer servicios en la infancia temprana. Además ha investigado sobre ambientes de aprendizaje a temprana edad y su impacto en niños pequeños. Fue uno de los investigadores principales del estudio *Cost, Quality and Child Outcomes in Child Care Centers* y codirector del estudio complementario SWEEP Contribuyó al establecimiento de la North Carolina Division of Child Development, de la que fue su primer director. El doctor Clifford fue presidente de la National Association for the Education of Young Children.

Noreen Yazejian, Científica investigadora principal y directora, División de Evaluación e Investigación, Research and Evaluation Division, Frank Porter Graham Child Development Institute, University of North Carolina en Chapel Hill.

La doctora Yazejian posee vasta experiencia en estudios de evaluación e investigación en múltiples localidades y a gran escala que exploran cuestiones de calidad educativa temprana y los resultados en los niños, particularmente los que habitan en segmentos de pobreza. Sus estudios de evaluación de programas e investigación sobre infancia temprana se concentraron en el desarrollo profesional, en modelos de nacimiento programado hasta los 5 años visitas domiciliarias, calificación de calidad y sistemas de mejoras, literatura y lenguaje en la infancia temprana y el uso de datos para la mejora continua de la calidad. Sus investigaciones se publicaron en el *Child Development, Early Childhood Research Quarterly, Early Education and Development, Social Policy Report y NHSA Dialog.*

Agradecimientos

Estamos agradecidos con los numerosos colegas que han contribuido con esta Tercera Edición de la FCCERS. Durante los años de trabajo en las escalas, hemos solicitado aportes de profesionales de campo, de investigadores y de otros expertos en desarrollo infantil y educación en la infancia temprana. Hemos recibido literalmente miles de comentarios y preguntas que nos llevaron a la reflexión sobre la familia ERS de instrumentos que aparecen en el sitio web del Environment Rating Scales Institute (www.ersi.info o ersquestions@gmail.com). Además hemos trabajado con muchos colegas de investigación y asistencia técnica. Cada una de estas experiencias ha dado forma a nuestros puntos de vista sobre cómo los ambientes para la infancia temprana afectan el desarrollo de los niños pequeños por todo el espectro de las necesidades evolutivas. Aunque es imposible mencionar a todas las personas que han contribuido con sus ideas durante todos los años que se ha utilizado la FCCERS, queremos expresar nuestra gratitud, en primer lugar, a cada uno de los individuos que nos enviaron comentarios, tanto de manera formal como informal. Nos referimos tanto a los colegas de los Estados Unidos como de otras partes del mundo, cuyo trabajo en investigación y mejora del programa con la FCCERS ha contribuido enormemente a nuestra comprensión de la calidad hacia los niños atendidos en hogares de cuidado infantil.

Quisiéramos dar reconocimiento en particular a:

- Nuestros colegas del Environment Rating Scales Institute que compartieron generosamente sus vivencias como resultado de muchos años de capacitación y recolección de datos mientras realizábamos una prueba piloto de un primer bosquejo de la FCCERS-3. En particular, agradecemos a Tracy Link por su tan cuidadoso y detallado análisis de la versión de prueba en campo de la FCCERS-3.
- Denise Jenson, por todos sus comentarios sobre las Escalas y por la ayuda para capacitar a quienes recolectaban los datos en la prueba de campo.
- Los estados que nos brindaron datos sin identificación sobre las evaluaciones FCCERS-R a partir del uso continuo que hacían de las FCCERS para calificación de calidad y los sistemas de mejora en sus estados o localidades. Georgia, Pennsylvania, Missouri y West Palm Beach, FL, enviaron un total de 1,307 evaluaciones de hogares de cuidado infantil que se usaron en nuestro análisis inicial del funcionamiento de la FCCERS-R para preparar nuestra revisión.
- El personal de las agencias estatales y sus equipos de evaluación de Georgia (Bentley Ponder y Denise Jenson del GA Department of Early Care and Learning), Pennsylvania (Megan Showalter y Jill Wood y su trabajo con las PA Keys to Quality), Washington (DeEtta Simmons en la University of Washington y su trabajo conjunto con el Washington State Department of Early Learning) y Wisconsin (Naomi Rahn y Erin Gernetzke en su trabajo en el Wisconsin Department of Children and Families–YoungStar y Scott Schweiger de Supporting Families Together Association).
- En todos los casos, las organizaciones aportaron un conjunto de datos sin identificación para que no se pudiera relacionar con ningún individuo o programa.
- Nuestros colegas del Branagh Information Group por su asistencia y respaldo durante la prueba de campo con la preparación del software de la tableta PC para permitir la recolección de datos de la prueba de campo de la FCCERS-3 en su sistema, así como por el continuo apoyo mientras creábamos el conjunto de datos de análisis de la prueba de campo. Del mismo modo apreciamos su ayuda para gestionar los datos de la FCCERS-R durante las primeras fases de revisión de la escala. Mark Branagh y Mary Frances Lynch merecen un especial agradecimiento.
- Todas las personas que de manera voluntaria entregaron su tiempo y esfuerzo para reunir datos confiables de la FCCERS-3 durante la prueba de campo: Georgia Department of Early Care and Learning (Denise Jenson, Lari Lyn Beyer, Jo Ann Gazick y Andrea Marable), Pennsylvania Keys to Quality (Kweli Archie y Natalie Grebe), Washington State Department of Early Learning (Asha Warsame y Jessica Deang) y Wisconsin's Supporting Families Together Association (Leah Purcell, Sue VanderLoop y Amanda Austin).
- Las proveedoras de cuidado infantil familiar en Carolina del Norte, Georgia, Pennsylvania, Washington y Wisconsin, por haber tenido un papel muy importante en nuestro trabajo al permitirnos hacer observaciones en sus hogares.
- Las proveedoras de cuidado infantil que asistieron a la sesión de la 29º Conferencia de Cuidado Infantil Familiar (29th National Family Child Care Conference) y brindaron comentarios útiles sobre nuestros planes de revisión.
- Daphne Mills, por cumplir de manera competente con la función de coordinadora de estudio y analista de datos en la prueba de campo de la FCCERS-3. Sin su ayuda, el estudio hubiera resultado imposible.
- Estamos profundamente agradecidos por el apoyo de Sarah Biondello y Karl Nyberg, por su sabiduría técnica y de redacción para la impresión de la FCCERS-3.

—Thelma Harms, Debby Cryer, Richard M. Clifford y Noreen Yazejian.
Febrero de 2019

La tercera edición de la FCCERS representa una importante revisión con innovaciones tanto del contenido como de la administración de la escala, al tiempo que mantiene la continuidad de las dos características primarias de la FCCERS, especialmente la definición global de calidad y su dependencia con la observación, como fuente de información primaria sobre la que se basa la evaluación de la calidad del hogar de cuidado infantil familiar. Seguimos manteniendo una visión integral del desarrollo y la educación del niño que abarca la esfera cognitiva, socioemocional y física, así como la salud y seguridad de los niños. Consideramos que el ambiente físico, la relación de los niños entre sí y con sus proveedoras y las interacciones están interconectadas. La enseñanza tiene lugar durante el día, cuando el personal interactúa con los niños en los juegos o las rutinas. Como un hogar de cuidado infantil frecuentemente registra una amplia variedad de niños, esta escala está diseñada para evaluar programas de atención de niños desde el nacimiento hasta la edad escolar, los 12 años, incluso con los hijos propios de la proveedora, si tuviera. La *Escala de calificación del ambiente para el cuidado infantil en familia, Tercera Edición* (FCCERS-3) contiene items de evaluación de normas para asegurar la protección de la salud y seguridad de los niños, el estímulo adecuado mediante el lenguaje y las actividades, junto con interacciones cálidas y de sostén.

La *Family Day Care Rating Scale* (FDCRS; Harms & Clifford, 1989) original contiene 34 items organizados en 7 subescalas. Cada item se presentó como una escala tipo Likert de 7 puntos con 4 niveles de calidad y cada nivel definido por un párrafo descriptivo que ilustra los aspectos de calidad esperables en ese nivel. La FCCERS: Edición revisada (Harms, Cryer, & Clifford, 2007) consistió en 38 items organizados en 7 subescalas. En la Edición revisada, cada nivel de cada item se definió con indicadores numerados. Este cambio posibilitó que los evaluadores asignaran una calificación más exacta y que usaran la medición de manera más precisa para guiar la mejora del programa. Incluyó también una Hoja de calificación extendida y notas de aclaración ampliadas. La FCCERS-R actualizada actúa como base de la observación del hogar de cuidado infantil y agregamos y revisamos items e indicadores sobre la FCCERS-3 completamente revisada. Mantuvimos el uso de indicadores evaluados sobre la base de la observación del hogar de cuidado infantil.

Se dice comúnmente que un hogar de cuidado infantil (FCCH) es "bueno" porque los niños que se encuentran allí reciben el mismo trato que los hijos de las proveedoras. Pero justamente este punto refleja la complejidad de brindar cuidado a un grupo más amplio de niños que, por lo general, no tienen relación entre sí. El objetivo es asegurar el desarrollo positivo para cada niño. En realidad es un desafío para cualquier padre cumplir con las necesidades de desarrollo de un único niño para maximizar un desarrollo positivo. En el cuidado familiar infantil, en el que una proveedora debe cumplir con las necesidades de un grupo de niños que, posiblemente, difieran en edades, capacidades y necesidades culturales, los desafíos se multiplican de manera exponencial. Un instrumento válido, confiable e integral que evalúe la calidad del proceso y mida lo que se observa que

sucede en una FCCH juega un rol importante en la mejora de la calidad de cuidado y en las experiencias educativas que reciben los niños.

Para definir y medir la calidad, la FCCERS-3 se elabora a partir de las tres fuentes principales: evidencia de la investigación de un número de campos relevantes (salud, desarrollo y educación), visión profesional de las mejores prácticas y experiencias reales de las proveedoras de FCCH, incluso de las dificultades prácticas de la vida real de un escenario de cuidado infantil familiar. Los requisitos de la FCCERS-3 se basan en lo que estas fuentes juzgan como condiciones importantes para obtener resultados positivos en los niños, sea mientras estén en el programa o mucho tiempo después. El principio orientador de esta escala, como de todas nuestras escalas de calificación del ambiente, se ha concentrado en lo que sabemos que es bueno para los niños.

La calificación de la FCCERS-3 mantiene la práctica de calificar cada conjunto de indicadores de calidad sí/no y luego usar la calificación del indicador para asignar la calificación de item de 1 a 7 puntos. Además mantuvimos 6 de las 7 subescalas de la FCCERS-R. Hemos eliminado la subescala Padres y proveedora debido la limitada variación de la calificación y la dependencia de la calificación sobre el informe de la proveedora más que en la observación. Es posible que algunos items e indicadores reciban una calificación *NA*, tal como se describe en el texto de los indicadores y en los mismos items. Las calificaciones de la subescala se calculan como el promedio de la calificación de los items en una subescala dada. En la FCCERS-3 una calificación total se calcula al sumar las calificaciones de los items por cada item calificado y al dividir luego esa suma por el número de items calificados. Finalmente, recomendamos ahora que *todos* los indicadores se califiquen sin importar la calificación del item, para brindar una visión de calidad más completa, una guía más clara de la mejora de la calidad y una visión más completa de cómo los distintos aspectos de la calidad afectan el desarrollo de los niños.

Numerosas fuentes de información guiaron nuestro proceso de revisión. En primer lugar, consideramos la literatura actual sobre desarrollo del niño, la educación en la infancia temprana y los desafíos emergentes en el cuidado familiar infantil, como el uso adecuado de la tecnología y las nuevas recomendaciones respecto de la mejor manera de asegurar la salud y la seguridad de los niños pequeños. Esta revisión de la literatura aseguró que la FCCERS-3 incorporara visiones actuales y prácticas basadas en la investigación para el apoyo del desarrollo de los niños pequeños. Si bien la lista completa de materiales considerada en este proceso es demasiado extensa para incluirla en la presente Introducción, muchos recursos merecen ser mencionados.

Poniendo el mayor énfasis en el desarrollo cognitivo, que abarca el lenguaje, las matemáticas y la ciencia, las siguientes fueron imprescindibles guías de nuestras revisiones: National Association for the Education of Young Children's (NAEYC) revisión de *Developmentally Appropriate Practice* (Copple & Bredekamp, 2009) y *Developmentally Appropriate Practice* (Copple et al., 2013); la declaración de posiciones del National Council of Teachers of Mathematics (NCTM), "What is Important in Early Childhood

Mathematics? (2007); NCTM's Executive Summary: Principles and Standards for School Mathematics (n.d.); *Mathematics Learning in Early Childhood* (National Research Council, 2009); la declaración de posiciones conjunta sobre matemáticas de NAEYC y NCTM, *Early Childhood Mathematics: Promoting Good Beginnings* (2010 la declaración de posiciones conjunta sobre tecnología y herramientas interactivas de medios de NAEYC y el Fred Rogers Center for Early Learning and Children's Media en Saint Vincent College (2012); *Preventing Reading Difficulties in Young Children* (National Research Council, 1998); American Society for Testing and Materials (ASTM) International's Standard Consumer Safety Performance Specification for Playground Equipment for Public Use (2017a); *Caring for Our Children: National Health and Safety Performance Standards* (American Academy of Pediatrics, American Public Health Association, & National Resource Center for Health and Safety in Child Care and Early Education, 2019); y el U.S. Consumer Product Safety Commission's *Public Playground Safety Handbook* (2015), junto con su *Outdoor Home Playground Safety Handbook* (2005).

Otra fuente importante de información que guio el proceso de revisión fue el análisis de una extensa muestra de evaluaciones de calidad de proveedoras de los hogares, que usaron la FCCERS-R (n=1218). Con ese gran conjunto de datos, analizamos en detalle el funcionamiento de cada indicador y cada ítem de la FCCERS-R. Esto nos permitió ajustar la ubicación de los indicadores en la FCCERS-3 y modificarlos para mejorar la calificación y su confiabilidad. Este proceso también nos ayudó a identificar las lagunas de nuestra evaluación de elementos clave del ambiente. También agregamos nuevos indicadores. Una última y crucial fuente de información para la revisión de la escala fue la comunicación abierta y cercana que mantenemos con los profesionales de campo, que abarcan a los responsables de los hogares de cuidado infantil, el personal de la red FCCH, las agencias licenciatarias, las proveedoras de asistencia técnica, universidades y otros centros de capacitación y nuestros colegas cercanos de ERSI, que brindan capacitación y determinación confiable a los usuarios de los materiales ERS en los Estados Unidos y fuera del país. La experiencia de los autores en programas de observación, los observadores capacitados, la investigación conductiva y el trabajo con funcionarios locales, estatales y nacionales sobre calificación de calidad y sistemas de mejora (QRIS) fueron parte de los cambios aplicados a esta revisión.

¿Cuál es la diferencia sustancial entre la FCCERS-3 (2019) y la FCCERS-R (2007)?

- FCCERS-R considera lo que se aprecia durante la observación, así como el informe de la proveedora sobre el resto del día, para determinar la calificación de una cantidad de ítems.
- FCCERS-3 considera *solo lo que se observa durante una muestra de 3 horas de duración* para determinar la calificación de todos los ítems que aborda el programa continuo, como las actividades, interacciones y el lenguaje. Se puede agregar tiempo adicional solo para revisar los materiales o las características de seguridad del espacio de motricidad gruesa al aire libre.

- FCCERS-R tiene 38 ítems organizados en 7 subescalas: Espacio y muebles, Rutinas de cuidado personal, Escucha y habla, Actividades, Interacción, Estructura del programa y Padres y proveedora.
- FCCERS-3 tiene 33 ítems organizados en 6 subescalas: Espacio y muebles, Rutinas de cuidado personal, Lenguaje y libros, Actividades, Interacción y Estructura del programa. Se quitó la subescala Padres y proveedor porque recaía completamente en el informe de la proveedora y no en la observación. Muchos otros ítems que generalmente no se observan, como Llegada y salida y Siesta y descanso también se quitaron o algún contenido clave se incluyó en otros ítems.
- FCCERS-R requiere cuidadosa atención para examinar la cantidad y calidad de los materiales a los que se tiene acceso.
- FCCERS-3 requiere menos atención a los materiales accesibles en sí mismos y más atención hacia cómo la proveedora usa esos materiales para promover el aprendizaje de los niños.
- FCCERS-R contiene 3 ítems sobre "Escucha y habla".
- FCCERS-3 contiene 6 ítems sobre "Lenguaje y libros" y resalta la importancia de la interacción del lenguaje como apoyo al desarrollo de los niños pequeños. Además hemos agregado indicadores más específicos en toda la escala para medir el uso de lenguaje del personal en el contexto de actividades con el objeto de guiar el aprendizaje.
- FCCERS-R contiene 4 ítems sobre "Interacción".
- FCCERS-3 contiene 6 ítems sobre "Interacción" y resalta el papel central de las relaciones en el aprendizaje y desarrollo de los niños pequeños.

Confiabilidad y validez de la FCCERS-3

La FCCERS-3 es una revisión de la documentada y ampliamente usada *Family Child Care Environment Rating Scale-Revised and Updated* (FCCERS-R, 2007), uno de los muchos instrumentos diseñados para evaluar la calidad total de los programas de infancia temprana. Las otras escalas incluyen *Early Childhood Environment Rating Scale-Third Edition*, the *Infant Toddler Environment Rating Scale-Third Edition* y otros instrumentos y materiales relacionados. Esas escalas juntas, mencionadas como Escalas de calificación del ambiente o ERS, se han usado en proyectos importantes de investigación en los Estados Unidos y en otros países. Solo con unas pocas excepciones (Sabol & Pianta, 2014), la extensa investigación realizada en los Estados Unidos ha documentado la confiabilidad y validez de la calificación de las Escalas de calificación del ambiente (ERS) por medio de estudios que demostraron la relación con otras medidas de calidad y otros resultados socioemocionales, de lenguaje y cognitivos concurrentes y a largo plazo (Ang, Brooker, & Stephens, 2017; Bisceglia, Perlman, Schaak, & Jenkins, 2009; Brunsek et al., 2017; Burchinal, 2018; Burchinal, Kainz, & Cai, 2011; Burchinal, Peisner-Feinberg, Pianta, & Howes, 2002; Burchinal, Roberts, Zeisel, Hennon, & Hooper, 2006; Cryer et al., 1999; Gordon et al., 2013; Harms, Clifford, & Cryer, 2005; Helburn, 1995; Henry et al., 2004; Hong, Howes, Marcella, Zucker, & Huang, 2015; Hooper & Hallum, 2017; Hughes-Belding, Hegland, Stein, Sideris, & Bryant, 2012; Iruka

& Morgan, 2014; La Paro, Williamson, & Hatfield, 2014; Lin & Magnuson, 2018; Love et al., 2004; Peisner-Feinberg et al., 1999; Peisner-Feinberg, Bernier, Bryant, & Maxwell, 2000; Ruzek, Burchinal, Farkas, & Duncan, 2014; Sabol & Pianta, 2013; Schaack, Le, & Setodji, 2013; Setodji, Le, & Schaack, 2013; Setodji, Schaack, Le, 2018; Weiland, Ulrich, Sachs, & Yoshikawa, 2013; Whitebook, Howes & Phillips, 1989). Un creciente cuerpo de evidencia sugiere que los puntajes de las escalas son confiables y válidos y que están relacionados con resultados infantiles también en contextos internacionales (Aboud & Hossain, 2011; Boo, Dormal, & Weber, 2019; Bull, Yao, & Ng, 2017; Côté, Mongeau, Japel, Xu, Séguin, & Tremblay, 2013; Deynoot-Schaub, & Riksen-Walraven, 2006; Goelman, Forer, Kershaw, Doherty, Lero, & LaGrange, 2006; Grammatikopoulos, Gregoriadis, Tsigilis, & Zachopoulou, 2017; Herrera, Mathiesen, Merino, & Recart, 2005; Manning, Garvis, Fleming, & Wong, 2017; Pinto, Pessanha, & Aguiar, 2011; Sammons et al., 2013; Sylva et al., 2011; Vermeer, van IJzendoorn, Cárcamo, & Harrison, 2016). No obstante, la magnitud de la relación entre los resultados evolutivos de los niños y la calidad global total según la medición de la ERS, así como la de otras herramientas de calidad de educación y cuidado temprano, ha sido relativamente pequeña (Burchinal et al., 2011; Burchinal, 2018). Esta nueva edición, FCCERS-3, se diseñó para mejorar la predicción de los resultados del niño por medio del mayor énfasis en las interacciones del lenguaje y de las ciencias y matemáticas en las actividades en curso, al tiempo que se mantiene el foco en la importancia de una amplia gama de resultados evolutivos de los niños.

Dado que está bien establecida la validez concurrente y predictiva de los instrumentos ERS publicados anteriormente y la revisión actual mantiene las propiedades básicas del instrumento original, el foco de los primeros estudios de campo de la FCCERS-3 ha basado principalmente sobre el grado que mantiene la versión revisada sobre la habilidad de los observadores capacitados para usar la escala de manera confiable y el funcionamiento básico del instrumento. Se requerirán estudios complementarios para documentar la relación continua con otras medidas de calidad, así como para documentar la capacidad de predecir los resultados del niño. A medida que se realicen otros estudios, se publicarán en el sitio web ERSI (www.rsi.info) y en el sitio web de Frank Porter Graham Child Development (ers.fpg.unc.edu).

Después de una revisión extensa, los autores llevaron adelante pequeñas pruebas piloto de la FCCERS-3 durante el fin de la primavera y el verano del año 2018 y durante el otoño, una prueba de campo más extensa de la escala. Para la prueba de campo, obtuvimos la cooperación de los departamentos de cuatro estados que han estado usando los instrumentos para ERS en sus sistemas de mejora y calificación de calidad. Un grupo de 12 observadores de estos estados, expertos en el uso de la anterior versión (FCCERS-R), recibió capacitación de la nueva FCCERS-3, que abarcó la práctica de campo en la que todos demostraron niveles adecuados de confiabilidad. Todos los evaluadores lograron una confiabilidad de concordancia promedio del 85 % o más dentro de un punto de la FCCERS-3. Estos observadores altamente confiables entrenaron, en la medida de lo necesario, a otros calificadores una vez que volvieron a sus Estados. Todos los observadores del estudio cumplieron plenamente el requisito de confiabilidad de un promedio del 85 % o más durante las tres observaciones conjuntas consecutivas con un observador capacitado y aprobado por los autores. La capacitación tuvo lugar en Georgia (para un observador de Wisconsin y los observadores de Pennsylvania) y en Seattle (para el otro observador de Wisconsin

y los observadores de Washington). Después de lograr esta línea básica de confiabilidad, se puso en pareja a los evaluadores expertos para llevar adelante el estudio de confiabilidad. Debe dejarse en claro que estos evaluadores tenían mucha experiencia en el uso de los instrumentos para ERS. Se espera que sea necesario un período de capacitación más extenso para los nuevos evaluadores de estos instrumentos.

La muestra de estudio de prueba de campo consistió en 63 FCCH en los siguientes estados: Georgia (15), Pennsylvania (18), Washington (15) y Wisconsin (15). Se emplearon FCCH con el propósito de tener una muestra de aproximadamente 1/3 programas de baja calidad, 1/3 programas de calidad moderada y 1/3 programas de calidad superior, según los datos disponibles de la QRIS del estado. La muestra resultante fue algo sesgada, los datos de la prueba de campo mostraron relativamente pocos programas de alta calificación y más en el segmento de calidad moderada a baja, pero se logró una distribución adecuada para permitir el análisis de uso de la escala por todos los niveles de calidad de estos estados.

En cada FCCH, dos evaluadores calificaron el ambiente al mismo tiempo, de forma independiente uno del otro. La evaluación tuvo lugar durante un momento central del día, durante 3 horas exactas, y algún tiempo agregado permitido para analizar el espacio de motricidad gruesa (si no se hiciera durante la observación), las rutinas (por ejemplo, las disposiciones sanitarias y el valor nutricional de los alimentos para Comidas y meriendas; las disposiciones sanitarias para Cambio de pañales y uso del baño) que posiblemente no hubieran tenido lugar durante la observación y los materiales del FCCH (para los indicadores relacionados con los materiales y equipos de los ítems del 14 al 24 solamente) que no pudieron ser evaluados durante el momento de observación formal. Cualquier otra calificación para estos ítems, por ejemplo, los indicadores para la interacción entre maestro y niño o la disponibilidad de materiales y actividades de aprendizaje, se basaron únicamente en el período de observación de 3 horas.

Confiabilidad del indicador. La confiabilidad del indicador es la proporción o porcentaje de calificaciones que coincide exactamente con cada indicador, asignados por los dos evaluadores que completaron de manera independiente la FCCERS-3. En los 33 ítems de la FCCERS-3 hubo un total de 477 indicadores en la versión de la prueba de campo. Se les pidió a los evaluadores que calificaran todos los indicadores de cada FCCH. La confiabilidad promedio de las coincidencias exactas de todos los indicadores y de las parejas evaluadoras fue del 85.5 %. Los indicadores fueron calificados con Sí o No y varios indicadores permitían que se les asignara NA (no aplicable) en circunstancias específicas. Además, 6 de los ítems que podían calificarse NA. En esos casos, se asignó NA como la calificación de todos los indicadores del ítem o ítems. Unos pocos indicadores se calificaron por debajo del 75 % de concordancia exacta. A continuación de la prueba de campo, los autores analizaron esos indicadores y los eliminaron o hicieron ajustes mínimos para mejorar la confiabilidad. La eliminación de esos indicadores dio como resultado un aumento de la confiabilidad del indicador. La versión final de la escala incluye 464 indicadores en los 33 ítems.

Confiabilidad del ítem. Debido a la naturaleza del sistema de calificación, en teoría es posible tener una alta concordancia con el indicador, pero una baja concordancia al nivel del ítem. Se calcularon dos medidas de concordancia con el ítem. En primer lugar, calculamos la concordancia entre las parejas de observadores dentro de un punto de la escala de 7 puntos. De los 33 ítems, la concordancia exacta tuvo lugar en el 62.2 % de los casos y se obtuvo concordancia dentro de un punto en el 86.4 % del tiempo. La concordancia del ítem dentro de un punto varió de un punto bajo del 76.2 % en 2 ítems (Ítem 3, Disposición del espacio interior para el cuidado del niño y el Ítem 16, Arte), hasta un punto alto de 95.2 % para 4 ítems (Ítem 22, Uso adecuado del tiempo de pantalla; Ítem 23, Promover la aceptación de la diversidad; Ítem 24, Motricidad gruesa e Ítem 30, Interacciones entre los niños).

Una segunda medida, más conservadora de confiabilidad es la kappa de Cohen. Esta medida tiene en cuenta la magnitud de la diferencia entre las calificaciones. Para las medidas con una escala ordinal, es más adecuada una versión ponderada de la kappa, que es la que se usa aquí. La kappa ponderada promedio de los 33 ítems fue de .64. La kappa varió desde una calificación baja de .43 para el Ítem 21, Matemáticas y número, hasta una calificación alta de .96 para el Ítem 22, Uso adecuado del tiempo de pantalla. Dos ítems tuvieron kappa ponderada de .500 o menos. Los ítems con confiabilidad más baja recibieron correcciones mínimas para mejorar la confiabilidad. Las correcciones hechas en los indicadores comentados anteriormente dieron como resultado kappa más alta para los ítems con calificación más baja sin cambiar su contenido básico. Estos cambios se incluyen en la versión impresa de la escala. Incluso usando la medida de confiabilidad más conservadora, los resultados totales indican un nivel aceptable de confiabilidad para el instrumento completo.

Correlación intraclase. Una tercera manera de analizar la confiabilidad, la correlación intraclase, analiza el nivel de concordancia entre los observadores, cuando los observadores evalúan la calidad de manera independiente. Es válido tanto para ambas correlaciones entre los dos observadores y también tiene en cuenta las diferencias en la magnitud absoluta de las dos calificaciones de los evaluadores. Evaluamos el coeficiente de la correlación intraclase de concordancia absoluta en un modelo mixto de dos vías, con estimaciones promedio, donde el 0 representa ninguna correlación entre las evaluaciones y el 1 representa correlación perfecta. Al nivel del ítem, el coeficiente medio fue .96, con una variación de .76 para el Ítem 3, Disposición del espacio interior para el cuidado del niño, a 1.0 para el ítem 22, Uso adecuado del tiempo de pantalla. Los coeficientes de las subescalas y de la calificación total aparecen en la tabla que está a continuación. Todas estas medidas indican cohesión de la medición de calidad según la FCCERS-3.

Correlación intraclase: Subescalas y Escala completa

Subescala	Correlación
Subescala 1: Espacio y muebles	0.73
Subescala 2: Rutinas de cuidado personal	0.80
Subescala 3: Lenguaje y libros	0.91
Subescala 4: Actividades	0.88
Subescala 5: Interacción	0.92
Subescala 6: Estructura del programa	0.87
Escala completa (ítems 1 a 33)	**0.96**

N = 126; N parejas = *63*

Consistencia interna. Por último, examinamos la consistencia interna de la escala. Esta es una medida del grado en el que la escala completa y las subescalas parecen medir conceptos comunes. En general, la escala tiene un nivel alto de consistencia interna, con un alfa de Cronbach del .97. Esta cifra indica un alto nivel de confianza de que se está midiendo un concepto unificado, que llamamos calidad del ambiente. Una segunda cuestión es el grado en el que las subescalas muestran también consistencia; es decir, ¿están midiendo alguna construcción de manera consistente? La tabla que aparece a continuación muestra el alfa de cada subescala:

Consistencia interna

Subescala	Alfa de Cronbach
Subescala 1: Espacio y muebles	0.74
Subescala 2: Rutinas de cuidado personal	0.81
Subescala 3: Lenguaje y libros	0.92
Subescala 4: Actividades	0.92
Subescala 5: Interacción	0.93
Subescala 6: Estructura del programa	0.88
Escala completa (ítems 1 a 33)	**0.97**

Los alfas de Cronbach de 0.6 y más altos se consideran por lo general niveles aceptables de consistencia interna. En general, la prueba de campo demostró un alto nivel de concordancia entre calificadores por todos los ítems de la escala y a nivel de calificación de la escala completa. Estos hallazgos son bastante comparables con los encontrados en estudios similares de la ITERS-3 y la ECERS-3, salvo en que las subescalas parecen ser medidas más estables de sus respectivos conceptos que en ediciones anteriores de la ECERS y la ITERS. Todos estos estudios previos han quedado confirmados por el trabajo de otros investigadores no relacionados con los autores, según se describe al inicio de esta sección y las escalas han comprobado ser bastante útiles en una amplia gama de estudios que implican la calidad de ambientes para niños pequeños.

Al mismo tiempo, las escalas han demostrado ser fáciles de usar hasta el grado en que es posible lograr que los observadores consigan niveles aceptables de confiabilidad con un nivel razonable de capacitación y supervisión. Este conjunto de análisis respalda claramente la capacidad de la escala de usarse de manera confiable en ambientes de la vida real.

No hemos presentado aquí datos normativos debido al tamaño pequeño de la muestra, el método de selección de la muestra y la cobertura geográfica limitada. Esos datos se publicarán en el sitio web de ERSI (www.ersi.info) cuando estén disponibles. Para la ECERS-R, los investigadores que usan conjuntos voluminosos de datos han hallado un conjunto de subescalas ampliado, denominado "subescalas según indicador", que señala que hay otra capa de conceptualización que comprende el concepto completo de calidad (Clifford & Neitzel, 2015). Obsérvese que John Sideris jugó un papel clave en el desarrollo de las subescalas según indicador, pero no formó parte de esta presentación específica. Se encuentran en preparación artículos sobre la calificación de la subescala según el indicador y otras opciones de calificación. Existe evidencia limitada a partir de estos análisis de que las subescalas según indicador pueden predecir los resultados del niño de manera más precisa que la calificación de escala completa tradicional o las subescalas conceptuales mostradas en los instrumentos en sí mismos. Estos análisis requieren una cantidad muy grande de casos, ya que el número de indicadores es grande. De este modo, se garantiza más investigación sobre posibles subescalas según indicador. Cuando se disponga de tamaños de muestra más voluminosos, se llevarán adelante análisis similares para la FCCERS-3.

Se debe hacer aquí una aclaración final. Además de corregir varios de los indicadores basados en sus niveles bajos de concordancia entre los evaluadores, también analizamos el nivel de dificultad de cada indicador, usando los datos de prueba de campo. Como resultado de este análisis, cambiamos varios indicadores para mejorar la escala del instrumento. Es decir, si un indicador tenía una proporción alta de calificaciones positivas y estaba ubicado en el segmento superior de la escala, era considerado como demasiado fácil de calificar en el nivel de calidad excelente y se movió a un nivel más bajo, como el nivel bueno o posible o, incluso, al mínimo nivel de calidad. Es posible que estos cambios tengan el efecto de hacer que la calificación de la FCCERS-3 sea levemente inferior que la calificación de la versión publicada de la FCCERS-R. El número de cambios fue bastante pequeño y no creemos que afecten la calificación total de manera significativa.

Los autores son totalmente responsables del contenido de esta sección, no obstante, reconocemos los importantes aportes de Daphne Mills, que llevó adelante los análisis estadísticos y coordinó la prueba de campo, la elección del sitio, la capacitación y otros aspectos del estudio.

Referencias

Aboud, F. E., & Hossain, K. (2011). The impact of preprimary school on primary school achievement in Bangladesh. *Early Childhood Research Quarterly, 26*, 237–246. doi: 10.1016/j.ecresq.2010.07.001

American Academy of Pediatrics, American Public Health Association, & National Resource Center for Health and Safety in Child Care and Early Education. (2019). *Caring for our children: National health and safety performance standards: Guidelines for early care and education programs* (4th ed.). Elk Grove Village, IL: American Academy of Pediatrics; Washington, DC: American Public Health Association.

American Society for Testing and Materials (ASTM) International. (2017a). F1487-17: Standard consumer safety performance specification for playground equipment for public use. doi: 10.1520/F1487-17

American Society for Testing and Materials (ASTM) International. (2017b). F2373-11: Standard consumer safety performance specification for public use play equipment for children 6 months through 23 months. doi: 10.1520/F2373-11R17

American Society for Testing and Materials (ASTM) International. (2018). F1148-18: Standard consumer safety performance specification for home playground equipment. doi:10.1520/F1148-18

Ang, L., Brooker, E., & Stephens, C. (2017). A review of the research on childminding: Understanding children's experiences in home-based childcare settings. *Early Childhood Education, 45*, 261–270. doi: 10.1007/s10643-016-0773-2

Bisceglia, R., Perlman, M., Schaak, D., & Jenkins, J. (2009). Examining the psychometric properties of the Infant Toddler Environment Rating Scale-Revised Edition in a high stakes context. *Early Childhood Research Quarterly, 24,* 121–132. doi:10.1016/j.ecresq.2009.02.001

Brunsek, A., Perlman, M., Falenchuk, O., McMullen, E., Fletcher, B., & Shah, P. S. (2017). The relationship between the Early Childhood Environment Rating Scale and its revised form and child outcomes: A systematic review and meta-analysis. *PLOS ONE, 12*(6), e017851 2. doi: 10.138/journal.pone.017851 2

Bull, R., Yao, S. Y., & Ng, E. L. (2017). Assessing quality of kindergarten classrooms in Singapore: Psychometric properties of the Early Childhood Environment Rating Scale—Revised. *International Journal of Early Childhood, 49*(1), 1–20. doi:10.1007/s13158-017-0180-x

Burchinal, M. (2018). Measuring early care and education quality. *Child Development Perspectives, 12*(1), 3–9. doi: 10.1111/cdep.12260

Burchinal, M., Kainz, K., & Cai, Y. (2011). How well do our measures of quality predict child outcomes? A meta-analysis of data from large-scale studies of early childhood settings. In M. Zaslow, I. Martinez-Beck, K. Tout, & T. Halle (Eds.), *Quality measurement in early childhood settings* (pp. 11–32). Baltimore, MD: Brookes Publishing Company.

Burchinal, M. R., Peisner-Feinberg, E., Pianta, R., & Howes, C. (2002). Development of academic skills from preschool through second grade: Family and classroom predictors of developmental trajectories. *Journal of School Psychology, 40*(5), 415–436. doi: 10.1016/S0022-4405(02)00107-3.

Burchinal, M., Roberts, J. E., Zeisel, S. A., Hennon, E. A., & Hooper, S. (2006). Social risk and protective child, parenting, and child care factors in early elementary school years. *Parenting: Science and Practice, 6*, 79–113. doi: 10.1207/s15327922par0601_4

Clifford, R. M., & Neitzel, J. (2015, May). New ECERS-R virtual subscales. Paper presented at the National Smart Start Conference., Greensboro, NC. Disponible en línea en www.ersi.info.

Copple, C., & Bredekamp, S. (Eds.). (2009). *Developmentally Appropriate Practice in early childhood programs serving children from birth through age 8* (3rd ed.). Washington, DC: National Association for the Education of Young Children.

Copple, C., Bredekamp, S., Koralek, D., & Charner, K. (Eds.). (2013). *Developmentally Appropriate Practice: Focus on preschoolers*. Washington, DC: National Association for the Education of Young Children.

Côté, S. M., Mongeau, C., Japel, C., Xu, Q., Séguin, J. R., & Tremblay, R. E. (2013). Child care quality and cognitive development: Trajectories leading to better preacademic skills. *Child Development, 84*, 752–766. doi:10.1111/cdev.12007

Cryer, D., Tietze, W., Burchinal, M., Leal, T., & Palacios, J. (1999). Predicting process quality from structural quality in preschool programs: A cross-country comparison. *Early Childhood Research Quarterly, 14*(3), 339–361.

Deynoot-Schaub, M. J. G., & Riksen-Walraven, J. M. (2006). Peer contacts of 15-month-olds in childcare: Links with child temperament, parent–child interaction and quality of childcare. *Social Development, 15*, 709–729. doi:10.1111/j.1467-9507.2006. 00366.x

Goelman, H., Forer, B., Kershaw, P., Doherty, G., Lero, D., & LaGrange, A. (2006). Towards a predictive model of quality in Canadian child care centers. *Early Childhood Research Quarterly, 21*, 280–295.

Gordon, R. A., Fujimoto, K., Kaestner, R., Korenman, S., & Abner, K. (2013). An assessment of the validity of the ECERS-R with implications for assessments of child care quality and its relation to child development. *Developmental Psychology, 49*(1), 146–160. doi: 10.1037/a0027899

Grammatikopoulos, V., Gregoriadis, A., Tsigilis, N., & Zachopoulou, E. (2017). Evaluating quality in early childhood education in relation with children outcomes in Greek context. *Early Child Development and Care, 88*(12), 1816–1825. doi: 10.1080/03004430.2017.1289192

Harms, T., & Clifford, R. M. (1980). *Early Childhood Environment Rating Scale*. New York, NY: Teachers College Press.

Harms, T., & Clifford, R. M. (1989). *Family Day Care Rating Scale*. New York, NY: Teachers College Press.

Harms, T., Clifford, R., & Cryer, D. (1998). *Early Childhood Environment Rating Scale, Revised Edition*. New York, NY: Teachers College Press.

Harms, T., Clifford, R., & Cryer, D. (2005). *Early Childhood Environment Rating Scale, Revised Edition, Updated*. New York, NY: Teachers College Press.

Harms, T., Clifford, R. M., & Cryer, D. (2015). *Early Childhood Environment Rating Scale, Third Edition*. New York, NY: Teachers College Press.

Harms, T., Cryer, D., & Clifford, R.M. (1990). *Infant/Toddler Environment Rating Scale*. New York, NY: Teachers College Press.

Harms, T., Cryer, D., & Clifford, R. M. (2003). *Infant/Toddler Environment Rating Scale. Revised Edition*. New York, NY: Teachers College Press.

Harms, T., Cryer, D., & Clifford, R. M. (2006). *Infant/Toddler Environment Rating Scale, Revised Edition, Updated*. New York, NY: Teachers College Press.

Harms, T., Cryer, D., & Clifford, R. M. (2007). *Family Child Care Environment Rating Scale, Revised Edition*. New York, NY: Teachers College Press.

Harms, T., Cryer, D., Clifford, R. M., & Yazejian, N. (2017). *Infant/Toddler Environment Rating Scale, Third Edition*. New York, NY: Teachers College Press.

Helburn, S. (Ed.). (1995). *Cost, quality and child outcomes in child care centers: Technical report*. Denver: University of Colorado, Department of Economics, Center for Research in Economic Social Policy.

Henry, G., Ponder, B., Rickman, D., Mashburn, A., Henderson, L., & Gordon, C. (2004, December). *An evaluation of the implementation of Georgia's pre-k program: Report of the findings from the Georgia early childhood study (2002-03)*. Atlanta, GA: Georgia State University, School of Policy Studies, Applied Research Center.

Herrera, M. O., Mathiesen, M. E., Merino, J. M., & Recart, I. (2005). Learning contexts for young children in Chile: Process quality assessment in preschool centres. *International Journal of Early Years Education, 13*, 13–27.

Hooper, A., & Hallam, R. (2017). Exploring the relationship between global quality and group engagement in toddler child care classrooms. *Journal of Research in Childhood Education, 31*(2), 215–226. doi: 10.1080/02568543.2016.1273287

Hong, S.L.S., Howes, C., Marcella, J., Zucker, E., & Huang, Y. (2015). Quality rating and improvement systems: Validation of a local implementation in LA County and children's school-readiness. *Early Childhood Research Quarterly, 30*(Part B), 227–240. doi: 10.1016/j.ecresq.2014.05.0

Hughes-Belding, K., Hegland, S., Stein, A., Sideris, J., & Bryant, D. (2012). Predictors of global quality in family child care homes: Structural and belief characteristics. *Early Education and Development, 23*, 697–712. doi: 10.1080/10409289.2011.574257

Iruka, I. U., & Morgan, J. (2014). Patterns of quality experienced by African American children in early education programs: Predictors and links to children's preschool and kindergarten academic outcomes. *The Journal of Negro Education, 83*, 235–255. doi:10.7709/jnegroeducation.83.3.0235

La Paro, K. M., Williamson, A. C., & Hatfield, B. (2014). Assessing quality in toddler classrooms using the CLASS-Toddler and the ITERS-R. *Early Education and Development, 25*, 875-893. doi: 10.1080/10409289.2014.883586

Lin, Y-C., & Magnuson, K. A. (2018). Classroom quality and children's academic skills in child care centers: Understanding the role of teacher qualifications. *Early Childhood Research Quarterly, 42*, 215–227. doi: 10.1016/j.ecresq.2017.10.003

Lopez-Boo, F. L., Dormal, M., & Weber, A. (2019). Validity of four measures of child care quality in a national sample of centers in Ecuador. *PLoS ONE, 14*(2), e0209987. doi: 10.1371/journal.pone/0209987

Love, J. M., Constantine, J., Paulsell, D., Boller, K., Ross, C., Raikes, H., . . . Brooks-Gunn, J. (2004). *The role of Early Head Start programs in addressing the child care needs of low-income families with infants and toddlers: Influences on child care use and quality*. Washington, DC: U.S. Department of Health and Human Services.

Manning, M., Garvis, S., Fleming, C., & Wong, G.T.W. (2017). The relationship between teacher qualification and the quality of the early childhood education and care environment. *A Campbell Systematic Review*. Retrieved from campbellcollaboration.org.

National Association for the Education of Young Children, & the Fred Rogers Center for Early Learning and Children's Media at Saint Vincent College. (2012). Technology and interactive media as tools in early childhood programs serving children from birth through age 8. Retrieved from naeyc.org/files/naeyc/PS_technology_WEB.pdf

National Association for the Education of Young Children, & National Council of Teachers of Mathematics. (2010). Early childhood mathematics: Promoting good beginnings. Retrieved from naeyc.org/files/naeyc/file/positions/psmath.pdf

National Council of Teachers of Mathematics. (2007). What is important in early childhood mathematics? Retrieved from ncum.org/standards/content.aspx? id=7564

National Council of Teachers of Mathematics. (n.d.). Executive summary: Principles and standards for school mathematics. Retrieved from ncum.org/uploadedFiles/Math_Standards/12752_exec_pssm.pdf

National Research Council. (1998). *Preventing reading difficulties in young children*. Washington, DC: The National Academies Press. doi: 10.17226/6023

National Research Council. (2009). *Mathematics learning in early childhood: Paths toward excellence and equity*. Committee on Early Childhood Mathematics, C.T. Cross, T. A. Woods, & H. Schweingruber (Eds.). Center for Education, Division of Behavioral and Social Sciences and Education. Washington, DC: The National Academies Press.

Peisner-Feinberg, E., Bernier, K., Bryant, D., & Maxwell, K. (2000). *Smart start: Family child care in North Carolina*. Chapel Hill, NC: University of North Carolina at Chapel Hill, Frank Porter Graham Child Development Center.

Peisner-Feinberg, E. S., Burchinal, M. R., Clifford, R. M., Culkin, M. L., Howes, C., Kagan, S. L., Yazejian, N., Byler, P., Rustici, J., & Zelazo, J. (1999). *The children of the cost, quality and child outcomes in child care centers study go to school: Technical Report*. Chapel Hill, NC: University of North Carolina at Chapel Hill, Frank Porter Graham Child Development Center.

Pinto, A. I., Pessanha, M., & Aguiar, C. (2013). Effects of home environment and center-based child care quality on children's language, communication and literacy outcomes. *Early Childhood Research Quarterly, 28*, 94–101.

Ruzek, E., Burchinal, M., Farkas, G., & Duncan, G. J. (2014). The quality of toddler child care and cognitive skills at 24 months: Propensity score analysis results from the ECLS-B. *Early Childhood Research Quarterly, 29*, 12–21. doi: 10.1016/j.ecresq.2013.09.002

Sabol, T. J., & Pianta, R. C. (2013). Can rating pre-K programs predict children's learning? *Science, 341*(6148) 845–846.

Sabol, T. J., & Pianta, R. C. (2014). Do standard measures of preschool quality used in statewide policy predict school readiness? *Education Finance and Policy, 9*(2), 116–164.

Sammons, P., Sylva, K., Melhuish, E., Siraj-Blatchford, I., Taggart, B., Draghici, D., Toth, K., & Smees, R. (2011). *Effective Pre-School Primary and Secondary Education Project (EPPSE 3-14) Influences on Students' Development on Social-behavioural Outcomes in Year 9 full report*. London: EPPSE Project–Institute of Education.

Schaack, D., Le, V.-N., & Setodji, C. M. (2013). Examining the factor structure of the Family Child Care Environment Rating Scale–Revised. *Early Childhood Research Quarterly, 28*, 936–946. doi: 10.1016/j.ecresq.2013.01.002

Setodji, C. M., Le, V. N., & Schaack, D. (2013). Using generalized additive modeling to empirically identify thresholds with the ITERS in relation to toddlers' cognitive development. *Developmental Psychology, 49*, 632–645. doi:10.1037/a0028738

Setodji, C. M., Schaack, D., & Le, V.-N. (2018). Using the Early Childhood Environment Rating Scale–Revised in high stakes contexts: Does evidence warrant the practice? *Early Childhood Research Quarterly, 42*, 158–169. doi: 10.1016/j.ecresq.2017.10.001

Sylva, K., Melhuish, E., Sammons, P., Siraj-Blatchford, I., & Taggart, B. (2004). *The Effective Provision of Pre-School Education (EPPE) Project: Final Report: A Longitudinal Study Funded by the DfES 1997–2004*. London: Institute of Education, University of London/ Department for Education and Skills/Sure Start.

U.S Consumer Product Safety Commission. (2005). *Outdoor Home Playground Safety Handbook* (publication 324). Retrieved from cpsc.gov/s3fs-public/324.pdf

U.S. Consumer Product Safety Commission. (2015). Public Playground Safety Handbook (publication 325). Retrieved from cpsc.gov/s3fs-public/325.pdf

Vermeer, H. J., van IJzendoorn, M. H., Cárcamo, R. A., & Harrison, L. J. (2016). Quality of child care using the Environment Rating Scales: A meta-analysis of international studies. *International Journal of Early Childhood, 48*, 33–60. doi:10.1007/s13158-015-0154-9

Weiland, C., Ulvestad, K., Sachs, J., & Yoshikawa, H. (2013). Associations between classroom quality and children's vocabulary and executive function skills in an urban public pre-kindergarten program. *Early Childhood Research Quarterly, 28*, 199–209. doi: 10.1016/j.ecresq.2012.12.002

Whitebook, M., Howes, C., & Phillips, D. (1989). *Who cares? Child care teachers and the quality of care in America. National child care staffing study*. Oakland, CA: Child Care Employee Project.

Administración de la escala

1.   La presente escala se diseñó para el uso en un hogar de cuidado infantil por vez, para niños desde su nacimiento y hasta los 12 años. Si se hace la observación en un hogar de cuidado infantil familiar grande, que tiene dos o más grupos distintos que raramente se juntan, se debe evaluar cada grupo por separado. A menos que se estipule en el indicador, todos los indicadores se aplican a todos los niños. No obstante, no es necesario asegurar que cada uno de los niños reciba las experiencias requeridas en el ambiente provisto. Se debe observar lo que sucede y determinar si las experiencias son factibles para todos los niños del grupo.

2.   **Se debe reservar un bloque de 3 horas para la observación.** La observación debe tener lugar durante el momento en que la mayoría de los niños esté presente y sea el momento más activo del día. Generalmente, no sucede a la hora de llegada o de salida, a menos que el programa sea de 3 horas o menos. Como muchos hogares de cuidado infantil registran grupos de niños de variada edad, se debe programar la observación durante un momento en que todos los grupos estén presentes. Por ejemplo, si se encuentran registrados bebés y niños en edad de caminar y niños en edad preescolar que asisten en el mismo horario, ambos grupos de edades deben estar representados en la observación de 3 horas. Cuando se registran niños en edad escolar, no es necesario que estén presentes porque, por lo general, no están durante el momento más activo del día, cuando la mayoría de los niños asisten. Si un programa tiene una extensión menor de 3 horas, observe durante el tiempo completo.

Las 3 horas son una "muestra de tiempo" durante la cual todo lo que se observe determinará la calificación de todos los ítems e indicadores. Por ejemplo, si no hay juego libre durante las 3 horas de la muestra, marque con calificación negativa cualquier indicador que requiera juego libre [*Sí* para Nivel de calidad inadecuado (1) o *No* para Mayor nivel de calidad (3 a 7)]. De igual manera, si no se observa juego de motricidad gruesa durante la muestra de 3 horas, no otorgue crédito en los indicadores que requieren acceso a espacio o equipo de motricidad gruesa. Se deben tener en cuenta los siguientes procedimientos de observación:

- La observación debe tener lugar durante la parte más activa del día, cuando se espera que esté presente la mayor parte de los niños.
- Se permite permanecer por un período más prolongado, por ejemplo, para observar y calificar rutinas específicas que no tienen lugar durante la muestra de tiempo o para observar más atentamente los materiales o equipos a los que los niños podrían acceder durante la observación de 3 horas y que no fueron examinados por completo durante esas horas. Sin embargo, la evidencia observada (interacciones y actividades) que tiene lugar después de finalizada la muestra de tiempo no contará para los requisitos de la escala de encuentros, excepto en el caso de que las rutinas de calificación o el control de materiales observados estuvieran accesibles durante la observación.
- Al calificar con esta escala, no es necesaria la entrevista con la proveedora después de la observación. Todas las calificaciones se basan en la observación. No obstante,

se requiere una corta entrevista antes del comienzo de la observación para completar la primera página de la Hoja de calificación.
- Siga a los niños que observa por dondequiera que vayan. Si los niños se dispersan por la casa, trate de ir con la proveedora que está con ellos y, ocasionalmente, supervise a los niños que no están con ella.
- Una observación típica tiene lugar de mañana, entre las 8:30 y las 11:30 o entre las 9:00 y las 12:00. Sin embargo, resulta útil comunicarse con la proveedora de cuidado infantil antes de la visita para tener información que ayude a determinar la mejor hora para completar la observación. Si un programa tiene una eduración menor de 3 horas, haga la observación durante el tiempo completo y reduzca proporcionalmente el tiempo necesario para accesibilidad.

3.   Cuando llegue al programa, y antes de comenzar la observación, complete la mayor cantidad posible de la información de identificación que se indica en la parte superior de la primera página de la Hoja de calificación. Tendrá que pedirle la información a la proveedora. Asegúrese de completar toda la información de identificación.

4.   Deberá tomar nota para calcular durante cuánto tiempo los niños participan en las distintas actividades proporcionadas en el hogar, tales como:

- cuándo y durante cuánto tiempo los niños tienen acceso al uso de materiales específicos,
- duración de los tiempos de espera (ej.: para recibir alimento o para que la proveedora comience determinadas actividades),
- duración del tiempo en grupos y si los niños están interesados,
- cuándo ocurren las rutinas (ej.: uso del baño, comidas y meriendas)
- tiempos de motricidad gruesa.

La Hoja de calificación contiene espacios e indicaciones para el tipo de información que debe recolectar. En un hogar de cuidado infantil familiar con niños que no caminan, observar si esos niños tienen acceso al material de juego de distintos tipos. Empiece la observación una vez que haya llegado al hogar. Tome nota de la hora en la Hoja de calificación. Siga tomando nota de la hora cada vez que sea necesario durante las 3 horas, detallando lo que los niños están viviendo.

Termine esas calificaciones solicitando ejemplos de interacción —como el diálogo de la proveedora o el comportamiento de otras proveedoras— durante la observación, solo después de que esas 3 horas hayan finalizado.

Califique otros aspectos de interacción que no requieran ejemplos específicos, basados en el tiempo de observación total de 3 horas, y determine una calificación hacia el final de la muestra de tiempo de 3 horas.

5. Durante la observación, deberá moverse por los espacios que usan los niños para asegurar una calificación precisa de los materiales y las interacciones. Cerciórese de escuchar lo que dicen la proveedora y los niños en sus conversaciones o en otras charlas que observe. Preste especial atención al momento de recoger información que se observa únicamente en un momento específico, como los pedidos durante las comidas y meriendas, uso del baño y cambio de pañales, el uso de libros que hace la proveedora con los niños o los tiempos en grupo. Siga las siguientes Directrices del observador para un uso adecuado de la escala.

Directrices del observador:

- La proveedora trabajará con los niños durante la observación y no se le pedirá conversación ni se le formularán preguntas. Debe contar con la información de identificación del programa antes de comenzar la observación. Si la proveedora está ocupada y no puede ser interrumpida, espere hasta que haya un tiempo razonable para recabar la información que necesita.
- Puede saludar a los niños que se acerquen. Si le preguntan, dígales que hoy fue a verlos jugar o que debe terminar su trabajo. No participe de ninguna otra forma en sus actividades ni interactúe con ellos.
- No interfiera de modo alguno con las actividades en marcha. Permanezca fuera del perímetro del espacio, tratando de no obstruir y muévase periódicamente para recolectar evidencia que necesite para una calificación precisa.
- Si no interfiere con el programa en acción, puede sentarse en una silla o en el suelo. No se siente sobre muebles sobre los que se supone que los niños no deben sentarse, como estantes o mesas, en las sillas de la proveedora o de los niños que rodean la mesa de actividades o sobre equipos de juego en uso.
- Si estuviera en el camino de la proveedora o de los niños, muévase hacia otro lado. Manténgase conectado con lo que sucede a su alrededor.
- Puede mirar los materiales que estén a simple vista en los estantes abiertos, si puede hacerlo sin molestar al grupo. No mire cajones, armarios ni ningún otro espacio cerrado al que no lleguen o usen los niños.
- No deje bolsos o monederos al alcance de los niños. Es mejor no llevarlos al hogar.
- *Apague los teléfonos celulares* a menos que exista una situación de emergencia. No use su teléfono durante la observación.
- Si trabaja con otro observador en el hogar, evite conversar durante la observación.
- Trate de mantener una expresión neutral del rostro para que ningún niño ni la proveedora se sienta atraído o preocupado por su respuesta.
- Es obligatorio el lavado de manos o el uso de un desinfectante de manos cuando los observadores ERS entran al programa.

6. Se usan recursos definitivos nacionalmente reconocidos cuando se califican temas de salud y de seguridad en la escala. Existe material impreso específico que indica las pautas necesarias para calificar con precisión. Tenga a mano, de preferencia, adjunto a la escala, los siguientes recursos requeridos para calificar con precisión algunos ítems.

- Use el material impreso para contar con la información actualizada al evaluar el espacio y equipo de motricidad gruesa: Información del patio de recreo para usar con la Escala de calificación del ambiente. El contenido del material impreso está basado en la información del *Public Playground Safety Handbook* (Manual de seguridad para patios públicos de recreo de la Comisión de seguridad de productos para el consumidor) de la *Consumer Product Safety Commission* (CPSC), Pub. N.° 325, y en los Estándares de la American Society for Testing and Materials (ASTM). Existe una versión especial para usar en los hogares de cuidado infantil familiar reducidos, que no tengan más de 6 niños. La información para los hogares de cuidado infantil familiar reducidos está en el N.º 324 del *Consumer Product Safety Commission Outdoor Home Playground Safety Handbook*, publicado en 2005. El material impreso puede descargarse del sitio web de ERSI, www.ersi.info. Se encuentran listados bajo la etiqueta "Material complementario" de la escala.
- El contenido nutricional del ítem Comidas y meriendas depende de las directrices para patrones de alimentos del Departamento de Agricultura de los EE. UU. (USDA). El material impreso (**Revised USDA Meal Guidelines for ERS** Directrices revisadas para comidas del USDA para ERS) se encuentra disponible en el sitio web de ERSI, www.rsi.info.
- La información sobre salud de la publicación *Caring for Our Children* se encuentra disponible en las Notas de aclaración de la FCCERS, bajo los ítems específicos y en la sección "Explicación de los términos usados en la escala". El libro completo se encuentra disponible en línea en nrckids.org/CFOC.
- La interpretación de los requisitos de las escalas se encuentra actualizada en las Notas de aclaración. Estas notas se actualizan regularmente a medida que la guía de las fuentes listadas se modifica. Están disponibles en www.rsi.com. Este sitio web debe ser revisado con regularidad y las nuevas anotaciones deben imprimirse y adjuntarse a las páginas relevantes de la escala.

7. Use su tiempo de manera eficaz al completar la escala. Se deben calificar todos los indicadores e ítems antes de dejar el hogar. Debe pasar la mayor parte del tiempo analizando evidencia y marcando los indicadores a medida que le encuentre, en lugar de tomar la cantidad de notas y decidir qué calificación asignarles después de dejar el hogar. Durante la observación, tome notas en la Hoja de calificación como respaldo de sus calificaciones. Por ejemplo, si debe observarse que la proveedora haga al menos un tipo de comentario, tome nota del ejemplo observado para asegurarse de no calificar según presunciones. Si no se observan ejemplos que respalden un indicador, no otorgue crédito.

Sistema de calificación

1. Lea atentamente la escala completa, incluso los ítems y las Notas de aclaración. Para ser preciso, todas las calificaciones deben basarse con la mayor exactitud posible en los indicadores provistos en los ítems de la escala.
2. Tenga la escala a mano para su lectura y consúltela con frecuencia durante toda la observación para asegurarse de asignar la calificación de manera precisa.
3. Pueden usarse ejemplos que difieran de los que se dan en los indicadores, pero que parezcan comparables, como base para otorgar crédito a un indicador. No se requieren ejemplos, pero pueden orientarlo sobre lo que busca.
4. Base su calificación sobre la situación actual que contempla durante la observación de 3 horas.
5. Al calificar un ítem, siempre empiece a leer desde el 1 (inadecuado) y progrese en forma creciente, calificando cada indicador con *Sí* o *No* (o *NA* donde se permite).
6. Antes de poder determinar una calificación, deben estar calificados todos los indicadores de cada ítem. Esta práctica le da abundante información a la proveedora de cuidado infantil familiar, a la mejora del programa y la asistencia técnica. Además al tener esta información completa se facilita el análisis de los datos y las actividades de investigación. También reduce el problema de la pérdida de datos.
7. Las calificaciones se asignarán de la siguiente manera:

- Se da calificación 1 si cualquier indicador debajo de 1 se califica *Sí*.
- Se da calificación 2 cuando todos los indicadores debajo de 1 se califican y por lo menos la mitad de los indicadores debajo de 3 se califican *Sí*.
- Se da calificación 3 cuando todos los indicadores debajo de 1 se califican y todos los indicadores debajo de 3 se califican *Sí*.
- Se da calificación 4 cuando todos los indicadores debajo de 3 se cumplen y por lo menos la mitad de los indicadores debajo de 5 se califican *Sí*.
- Se da calificación 5 cuando todos los indicadores debajo de 5 se califican *Sí*.
- Se da calificación 6 cuando todos los indicadores debajo de 5 se cumplen y por lo menos la mitad de los indicadores debajo de 7 se califican *Sí*.
- Se da calificación 7 cuando todos los indicadores debajo de 7 se califican *Sí*.

8. La calificación *NA* (No Aplica) solo puede darse para los indicadores o los ítems completos toda vez que se observe "NA permitido" en la escala y en la Hoja de calificación. Los indicadores que se califican NA no se cuentan para determinar la calificación de un ítem. De igual manera, los ítems calificados *NA* no se cuentan al calcular la calificación de la subescala y de la escala total.
9. Para calcular las calificaciones promedio de las subescalas, sume las calificaciones de cada ítem de la subescala y divida la suma por la cantidad de ítems calificados.
10. La calificación total de la FCCERS-3 es la suma de todas las calificaciones de los ítems de la escala completa dividida por la cantidad de ítems calificados.

Si bien a veces es posible determinar la calificación de un ítem sin completar todas las calificaciones del indicador de ese ítem, los autores recomiendan especialmente calificar todos los indicadores de todos los ítems al usar la escala. Esta práctica ofrece abundante información para la mejora del programa y la asistencia técnica. Además al tener esta información completa se facilita el análisis de los datos y las actividades de investigación. También reduce el problema de datos que faltan.

Uso de la Hoja de calificación y del Perfil

La Hoja de calificación contempla la calificación del indicador y la del ítem. Las calificaciones del indicador son S (Sí), N (No) y NA (No Aplica), que se permiten solo cuando aparece en algunos indicadores seleccionados. Las calificaciones de ítem van desde 1 (Inadecuado) hasta 7 (Excelente) y NA (No Aplica). NA debe usarse solo cuando aparece en algunos indicadores o ítems seleccionados. Se debe prestar atención al marcar el recuadro correcto debajo de S, N o NA de cada indicador. La calificación numérica del ítem debe estar claramente encerrada en un círculo.

La Hoja de calificación que se incluye en la presente edición puede usarse como hoja de cálculo y Hoja de calificación. Además de los espacios destinados para las notas, aparecen gráficas y otras ayudas para el seguimiento de la información específica reunida en toda la observación. Por ejemplo, se pueden registrar de manera práctica y calcular directamente en la Hoja de calificación las instancias en las que la proveedora hace comentarios o la cantidad de veces que se hace el lavado de manos como parte del cambio de pañales y uso del baño. Resulta útil usar las indicaciones y otras ayudas que aparecen en la Hoja de calificación para asignar una calificación precisa.

El Perfil, situado al final del libro, a continuación de la Hoja de calificación, permite la representación gráfica de las calificaciones de todos los ítems y las subescalas. Puede usarse para comparar zonas de fortalezas y para determinar ítems y subescalas que deben mejorarse. También hay espacio para las calificaciones promedio de la subescala. El Perfil permite trazar dos o más observaciones lado a lado para presentar cambios en la calidad a través del tiempo.

Explicación de los términos usados en la escala

1. **Accesible** significa que durante la observación los niños pueden tener acceso y usar el material o equipo en cuestión. Solo porque un material esté presente en el hogar no significa necesariamente que esté "accesible" o disponible. Los requisitos respecto de los materiales solo se aplican a los niños específicos que se están siendo observados. Por ejemplo, si no hay niños en edad escolar durante la observación, no es necesario analizar el material que requiere su acceso.

Consideraciones especiales para los bebés pequeños que no pueden sentarse sin apoyo. Los bebés pequeños que no pueden sentarse sin apoyo generalmente requieren tratamiento individualizado por parte de la proveedora. Es posible que tengan mayor necesidad de ser cargados y abrazados que los niños mayores del grupo; que soliciten más consuelo de la proveedora y que sean ubicados en asientos, sillas altas, cunas, corralitos o hamacas diseñadas para calmar a los bebés. Es posible que suceda con más frecuencia de la que se considera ideal para el desarrollo de su motricidad gruesa para evitar cualquier angustia excesiva. De todos modos, los bebés *no* deben dejarse durante períodos prolongados en este tipo de muebles restrictivos durante la observación. La proveedora los debe retirar del lugar, tenerlos en brazos y calmarlos cuantas veces sea necesario. Esta situación es más frecuente entre los bebés que recién comienzan un programa nuevo o que no se sienten bien, y de esta manera se les ayuda gradualmente a ajustarse al ritmo normal del programa. La proveedora puede ayudarlos de manera gradual a que se acostumbren a jugar en el piso o en otra superficie, sentándose a su lado o teniéndolos en brazos mientras se sientan en el piso. No es necesario que los bebés muy pequeños tengan acceso constante a los juguetes y los materiales, ya que no pueden siquiera agarrar un juguete. Si les gusta, se pueden ubicar debajo de un gimnasio de cuna donde puedan mover los objetos colgantes o la proveedora puede captar su atención con un objeto.

Al observar el cuidado de estos bebés más pequeños, si lo que hace la proveedora para calmar al niño parece dejar al niño conforme, no lo evite en pos del uso frecuente del mobiliario restrictivo o por la falta de acceso a los materiales, ya que los niños precisan atención e interacción frecuentes. Sin embargo, no debe colocarse a menudo o durante períodos prolongados en mobiliarios restrictivos a los niños mayores o los bebés pequeños que parecen calmados.

En el caso de los *bebés pequeños*, que no pueden sentarse sin asistencia, los requisitos para "accesible" —debido a su capacidad limitada— son menos demandantes que para los niños más grandes. De todos modos se debe observar algún acceso a los materiales apropiados con la asistencia de la proveedora incluso para los bebés más pequeños, sobre todo si ninguno de ellos tiene acceso a cada material.

El crédito para "accesible" en el caso de los bebés más pequeños requiere:

• En el nivel mínimo (3) no se otorga *ningún crédito* si durante la mayor parte de la observación se deja a esos bebés habitualmente en asientos para niños, hamacas u otro mueble restrictivo durante períodos de tiempo prolongados, sin acceso a juguetes. Deben sacarse del equipo con frecuencia para jugar en el piso o se les debe dar juguetes para experimentar. Deben pasar muy poco tiempo sin hacer otra cosa que observar lo que sucede a su alrededor.
• En el nivel bueno (5), los bebés deben tener de manera regular una cantidad sustancial de tiempo para acceder a los materiales durante la observación. Se puede dejar en asientos infantiles u otro mobiliario restrictivo durante períodos de tiempo un poco más largos, pero se les debe dar acceso a los materiales, tenerlos en brazos o interactuar durante la observación. Por lo general, no se debe dejar a ningún niño en un mueble restrictivo con poca interacción o poco acceso a los juguetes.
• En el nivel excelente (7), estos bebés deben pasar poco tiempo o ninguno en absoluto en mobiliario restrictivo sin acceso a los juguetes. Puede haber retrasos

breves en el acceso a los materiales, pero la práctica general debe ser tomado en brazos, interactuar y brindarle materiales para que los manipule.

Para los *bebés mayores sin movilidad y movilidad* que pueden sentarse sin apoyo, se requiere el acceso a más materiales, de modo que la proveedora debe elegir llevar los materiales a los niños o sentarlos dentro del alcance de esos materiales. No se requiere que el acceso de los bebés que no se mueven coincida con el de los niños que se mueven.

• En el nivel mínimo (3), generalmente se requiere el acceso cuando los niños están despiertos y listos para jugar y no participan en el cuidado de rutina durante toda la observación, sin restricciones prolongadas que impidan el alcance y uso de cualquier material.
• En el nivel bueno (5), pueden existir algunos retrasos, pero la mayor parte del tiempo debe haber acceso a los materiales.
• En el nivel excelente (7), debe haber pocos o ningún retraso breve en el acceso a los materiales. La práctica regular debe ser brindarle a los niños el acceso casi todo el tiempo en el que estén listos para jugar, a menos que estén ocupados en otra actividad que disfruten, como estar en brazos de alguien o interactuando con ellos. Además debe ser posible que algunos de ellos tengan algún tipo de acceso a los materiales especificados en el ítem.

Para los niños con movilidad:

• En el nivel mínimo (3), se requiere el acceso a los materiales con pocos retrasos importantes o muy pocos retrasos breves.
• En el nivel bueno (5), puede haber algunos retrasos breves, pero como práctica general los niños deben tener acceso a los materiales requeridos en el ítem y usarlos.
• En el nivel excelente (7), "accesible" significa que es posible que no haya retrasos para que los niños tengan acceso a los materiales y los usen, a menos que estén ocupados en otra actividad que disfruten durante un período de tiempo apropiado, como el momento de los libros, una actividad de movimiento o que estén en brazos o interactuando con alguna persona. Los niños deben poder moverse libremente por el espacio y tener acceso a los materiales de su elección.

Para dar crédito a los materiales requeridos en un ítem en los niveles Bueno (5) o Excelente (7), y en caso de que los niños que se mueven estén despiertos y listos para jugar pasen *más de una hora de la observación en un espacio al aire libre*, los materiales deben encontrarse accesibles tanto en el exterior como en el interior de la casa.

En los grupos de edades mixtas, el observador debe calificar de acuerdo con lo que los niños de las distintas edades y capacidades del grupo reciban en términos de tiempo y cantidad de materiales accesibles, sabiendo que se requiere menos acceso para los niños más pequeños y que se va incrementando a medida que crecen y tienen más capacidad.

2. Rango de edades de los niños de los hogares de cuidado infantil familiar. Será *bebé* el niño desde su nacimiento hasta los 11 meses. Será un *bebé pequeño* desde que nace hasta los 5 meses (o hasta que pueda sentarse sin apoyo). El bebé mayor puede sentarse sin apoyo y tiene entre 6 y 11 meses. Son niños en edad de caminar los que tienen entre 12 y 23 meses. Los niños en edad de caminar pequeños son los que tienen entre 12 y 17 meses; y los niños en edad de caminar mayores, entre 18 y 23 meses.

Son *niños en edad de caminar* los que tienen entre 12 y 23 meses. Los *niños en edad de caminar pequeños* son los que tienen entre 12 y 17 meses; y los *niños en edad de caminar mayores,* entre 18 y 23 meses.

El rango de *dos años* son niños desde 24 a 35 meses, diferenciando a los de *2 años pequeños,* que tienen entre 24 y 29 meses y los de *2 años mayores,* que tienen entre 30 y 35 meses.

Los *niños en edad preescolar* son los que tienen entre 3 y 5 años. Los que tienen entre 4 y 5 años son los *niños en edad preescolar mayores.*

Los *niños en edad escolar* tienen entre 6 y 12 años. Entre 9 y 12 años son *niños en edad escolar mayores.* Los niños en edad escolar de 13 años o más no se tienen en cuenta en esta escala.

En todos los ítems en los que hay un corte divisorio de edad (ej: Califique *NA* cuando todos los niños son menores de 12 meses), se aplican las siguientes reglas: Si solo un niño del grupo excede la edad de corte divisorio y es *menos de* un mes mayor que el requisito de edad, se puede seguir marcando el ítem o indicador *NA*. Debe marcarse el ítem o indicador si el niño es más de un mes mayor que la edad de corte divisorio o si hubiera dos o más niños que reúnen el requisito de la edad. Si se registra un niño con discapacidad, los requisitos dependen del nivel de desarrollo del niño más que de la edad cronológica.

3. Interacciones: Positiva, Neutral y Negativa. *Interacción* se refiere a la manera en la que la proveedora se relaciona con los niños al cuidarlos. Esta interacción se ve por medio del contacto físico u otra comunicación no verbal, como los gestos, el foco de atención o las expresiones del rostro. También se observa en la comunicación verbal que tiene lugar entre la proveedora y los niños. La interacción se clasifica, por lo general, como negativa, neutral o positiva. La *interacción negativa* generalmente transmite un mensaje de enojo, frialdad, falta de respeto, impaciencia, falta de interés o tristeza. El que lo recibe se siente desvalorizado, incompetente, menospreciado y poco querido. Se considera una interacción negativa que la proveedora ignore a los niños que lloran, que necesitan atención o que los ignore en líneas generales. La *interacción positiva* es lo opuesto: transmite un mensaje de felicidad, alegría, relajación, paciencia, respeto e interés; ayuda a que quien lo recibe se sienta valorado, competente, apreciado y querido. La *interacción neutral* no transmite mensajes de ningún tipo, ni daña ni estimula; pero no ignora a los niños.

El impacto de las interacciones negativas sobre quien las recibe es más fuerte que las interacciones positivas o neutrales. Por esta causa, se debe dar más peso al calificar interacciones negativas, porque se necesitan muchas interacciones positivas para desterrar el efecto de una interacción negativa.

Al observar un grupo, es probable que tengan lugar los tres tipos de interacciones en distinta medida. Depende del observador considerar el efecto promedio de todas las interacciones con todos los niños del grupo. En el caso de que haya proveedoras distintas con diferentes estilos de interacción o si una proveedora usa distintos tipos de interacción durante la observación, el observador debe juzgar si el ambiente total de esa interacción cumple con suficiencia las necesidades de los niños.

El uso ocasional de una palabra como "No" o "Detente" no siempre indica una interacción negativa. Sin embargo, al usarla repetidamente durante toda la observación, es probable que tenga un impacto negativo en los niños. Si un uso inusual provoca angustia indebida en el niño, debe observarse la situación para ver cómo se resuelve finalmente y determinar si fue o no negativa. Por ejemplo, si se detiene a un niño en lo que está haciendo porque es peligroso o destructivo y la proveedora le pide que pare de hacerlo, es posible que provoque el llanto del niño o que demuestre de algún modo angustia indebida. Entonces el observador debe ver cómo se resuelve la situación. Si se resuelve de tal manera que el niño queda conforme; por ejemplo, si la proveedora lo distrae o lo calma y le explica por qué no se permite hacer eso, no se considera que la situación sea negativa.

4. Proveedora se refiere normalmente a la persona que gestiona el hogar de cuidado infantil familiar, pero también abarca a todos los adultos que trabajen regularmente con todos los niños durante la observación. Puede abarcar a sustitutos, a miembros de la familia de la proveedora, voluntarios y otros asistentes adultos que interactúan con los niños. No tenga en cuenta a algún adulto que no trabaje con todos los niños del grupo, sino que se concentra solo en un niño, como un padre o un terapista. En algunos casos, los estudiantes de la escuela secundaria, de la universidad o becarios pueden considerarse proveedoras. Como la gran mayoría de las proveedoras son del sexo femenino, los mencionamos usando el sustantivo "proveedora", pero por supuesto que un proveedor puede ser hombre o mujer.

5. Si el estado del tiempo lo permite significa que no hay advertencia de salud pública a causa de temperaturas demasiado altas o bajas o de precipitación activa, como lluvia o nieve. Los momentos al aire libre programados deben modificarse para que los niños puedan salir cuando el tiempo lo permite. Por ejemplo, podría llover en la mañana temprano, pero aclarar más tarde durante la observación. En este caso, los niños deben tener oportunidad para el juego al aire libre. Si las condiciones del tiempo permiten jugar al aire libre, pero existen inevitables riesgos de salud en el exterior, como niveles altos de contaminación o mosquitos incontrolables, no se requiere este juego. Es mejor verificar (ej.: por la TV, la radio o internet) las condiciones o advertencias meteorológicas antes de empezar la observación.

6. Interesado significa que los niños se involucran y prestan atención. Esta situación debe diferenciarse de que únicamente estén quietos y con buen comportamiento, pero no necesariamente interesados. Es posible que los niños estén acostados o sentados en silencio pero a menos que muestren algún tipo de interés, no se podría decir que están realmente interesados. Los niños deben mostrar interés al observar atentamente (niños más pequeños) o participando de manera activa (niños mayores). Sus movimientos (ej.: mueve los brazos o patea) o vocalización (ej.: balbuceo) indican su interés en una actividad o interacción.

7. Un **área de juego** es un espacio donde se brinda material de juego para que usen los niños. Un centro de interés es un área de juego claramente definida para un tipo particular de juego, por ejemplo, ciencia o lectura. Los materiales se deben organizar por tipo y guardarse de modo que resulten accesibles para los niños. De ser necesario, se provee mobiliario para el uso de materiales. Se da una cantidad adecuada de espacio para el tipo de juego promovido según el material y la cantidad de niños que se permite jugar en el centro de interés. Como los materiales para el juego con bloques y el juego dramático se asocian con un juego más activo, los centros de interés para este material deben ser más grandes que los que se usan con otros materiales. Los "Centros de interés" son más específicos, tipos de áreas de juego claramente distinguidas. Si uno o dos de los materiales presentes no coinciden con la intención del tipo particular de juego del centro de interés, otorgue crédito al centro de interés siempre que esos materiales no interfieran con la intención de ese centro. Por ejemplo, otorgue crédito-to si el uso de los materiales que no tienen relación no ocupan el espacio necesario ni afectan de manera desfavorable el nivel de ruido requerido por el tipo de juego del centro de interés.

8. **Juego libre** significa que el niño tiene permitido elegir el material y los compañeros, siempre que sea posible que jueguen de manera independiente. La interacción del adulto es en respuesta a las necesidades del niño. No cuentan como juego libre las situaciones en las que la proveedora les asigne áreas a los niños o cuando la proveedora elija los materiales que los niños pueden usar de manera individual. Juego libre no significa que se debe disponer de todas las áreas del hogar al mismo tiempo, con acceso a todos los materiales. Puede disponerse de una cantidad más limitada de opciones, ya que el juego libre tiene lugar si se les permite a los niños elegir, entre todas las opciones permitidas, dónde jugarán y con quién. Las opciones permitidas deben abarcar áreas de juego o centros de interés de distintos tipos, en los que se les permita a los niños elegir qué tomar de los estantes o recipientes de juguetes. No se otorga crédito al juego libre cuando la proveedora preselecciona el material que se le permite usar a los niños en las distintas áreas de juego o en los centros de interés, y toda vez que los niños no tengan libre acceso a otros materiales de las áreas o de los centros de juego, si lo desearan. Deben abrirse suficientes áreas para que los niños no tenga problemas con el acceso a los materiales que les interesan.

9. Cuando se usa el término **Rutinas**, nos estamos refiriendo a los items de la subescala Rutinas de cuidado personal: Comidas y meriendas, Cambio de pañales y uso del baño y Prácticas de salud. Aunque está incluida en la subescala, el item Prácticas de seguridad no se considera dentro del término "rutinas".

Resumen de las subescalas y los ítems de la FCCERS-3

Notas de aclaración

Item 1.

1.1, 3.1. Considere todo el espacio interior que los niños tienen permiso de usar y dé más peso a los espacios que se usan durante más tiempo. Considere las necesidades de espacio en función de la mayor cantidad permitida de niños que asistan al mismo tiempo, incluso los niños de la propia proveedora, si fueran parte del grupo de cuidado infantil. El requisito "suficiente espacio interior" requiere que se cumplan las necesidades de cuidado de rutina de los niños, que haya espacio para el mobiliario básico y que exista suficiente espacio para el juego de los niños. Se deben cumplir adecuadamente las necesidades de espacio del cuidado infantil, aun cuando el espacio interior generalmente se comparta con la familia. No tenga en cuenta el espacio que los niños no tienen permitido usar.

1.2. Para calificar *Sí*, deben faltar más de uno de entre los cuatro requisitos.

3.2. Si falta uno de los requisitos, califique *No*. Debe haber luz directa en el(los) espacio(s) utilizado(s) para el cuidado de los niños durante más de la mitad de la observación.

No se requiere luz natural en los espacios usados para la siesta, pero sí deben tener luz suficiente para permitir una adecuada supervisión visual de los niños. Las puertas que dan al exterior cuentan como ventilación solo si pueden dejarse abiertas sin que representen amenaza para la seguridad (por ejemplo, una puerta mosquitera bloqueante o una puerta de seguridad para evitar que los niños salgan sin atención). Las ventanas deben tener las estructuras de seguridad necesarias para evitar que los niños caigan desde una altura peligrosa.

3.4. Se espera que haya algo de desorden debido a las actividades regulares del día. "Razonablemente limpio" significa que hay evidencia de limpieza diaria, es decir, que los pisos se aspiran y se barren, y que la suciedad grande, como comida en el piso después de que los niños hayan comido, se limpia de inmediato.

5.1. "Mucho espacio interior" significa que los niños no están amontonados en la mayoría de las áreas usadas para la rutina diaria y el juego. Durante la observación, tenga en cuenta todo el espacio interior usado y dé más peso a los espacios que se usan durante más tiempo. Si dos o más espacios de uso frecuente no permiten el libre movimiento, califique *No*. No es necesario que todos los espacios se usen al mismo tiempo.

5.2. Se debe poder controlar la ventilación en todos los espacios para uso de los niños observados (ej.:, por medio de sistemas de aire acondicionado o calefacción, ventanas o puertas de apertura segura, ventiladores de techo).

5.4, 7.2. Para otorgar crédito por accesibilidad, la casa y todos los espacios usados para cuidado de los niños deben ser accesibles para las personas con discapacidad. Esto abarca los espacios exteriores y los espacios dentro de la casa. Las puertas deben tener 32 pulgadas de ancho como mínimo. Los agarradores deben operarse con uso limitado de manos. El umbral de la puerta de entrada debe tener ½ pulgada o menos de altura; si es mayor a ¼ de pulgada, debe estar biselado, para que sea más fácil desplazarse sobre él. No se puede otorgar crédito de existir otros impedimentos obvios para el acceso de personas con discapacidad (por ejemplo, escaleras sin rampa ni elevador). Para que el espacio usado por los niños se considere mínimamente accesible (5.4), debe ser de fácil acceso para niños y adultos con discapacidad que sean concurrentes habituales del programa. Para marcar *Sí* el ítem 7.2, se requiere accesibilidad sin importar que haya o no personas con discapacidad presentes en el programa. Es posible que no todas las personas con discapacidad precisen adaptaciones especiales, por lo que este indicador se aplicará solo para quienes tengan dificultad para el acceso físico. Este uso de "accesible" no se relaciona con el requisito del tiempo que deben tener los niños para alcanzar y usar el material o el equipo.

7.1. "Amplio" significa que se cuenta con mucho espacio libre en el salón destinado para el juego de los niños, además del espacio necesario para los distintos tipos de actividades. Considere cómo funcionaría el espacio si estuviera presente la mayor cantidad de niños a la vez. También pueden usarse otras áreas del lugar, pero los niños deben poder jugar en este amplio espacio durante mucho tiempo, sin las restricciones generalmente necesarias por ser una zona utilizada para otros propósitos. Por ejemplo, en ese espacio deben poder jugar sin peligro de golpearse con cosas que usen los miembros de la familia, deben poder tener uso libre y activo del material para niños.

ESPACIO Y MUEBLES

1. Espacio interior usado para el cuidado del niño*

1.1 No se usa suficiente espacio en el hogar para el cuidado de los niños, los materiales de juego y el mobiliario.*

1.2 El espacio carece de iluminación adecuada, ventilación, control de temperatura y material de aislamiento acústico.*

1.3 El espacio presenta malas condiciones en general, por lo que los niños están en peligro o su cuidado está comprometido (ej.: pisos ásperos y dañados; problemas con las cañerías, construcción sin terminar, ventanas, paredes o accesorios de iluminación rotos).

1.4 El espacio tiene poco mantenimiento (ej.: acumulación de suciedad y mugre en los pisos y tapetes; lavamanos sucios, limpieza diaria obviamente descuidada).

3.1 El hogar cuenta con suficiente espacio para el cuidado de los niños, los materiales de juego y los muebles.*

3.2 La iluminación (incluso algo de luz natural), la ventilación, el control de temperatura y el material de aislamiento acústico son adecuados.*

3.3 El espacio en general está en buenas condiciones, sin problemas importantes que pongan en peligro a los niños o comprometan su cuidado.

3.4 El espacio está razonablemente limpio y bien mantenido.*

5.1 Se usa mucho espacio interior para el cuidado de los niños, los materiales de juego y el mobiliario (ej.: tanto los niños como los adultos pueden moverse libremente; el espacio permite el acceso al mismo tiempo a muchos materiales de juego; hay espacio adecuado para el equipo que necesitan los niños con discapacidad; área de espacio abierto para que jueguen los niños).*

5.2 La luz natural y la ventilación se pueden controlar cuando es necesario (ej.: persianas o cortinas; ventanas o ventiladores de techo).*

5.3 Los pisos, las paredes y otras superficies integradas son de material de fácil limpieza (ej.: pisos lavables y pisos recubiertos en las zonas de comida y de juego; las encimeras y los gabinetes tienen superficie fácil de limpiar).

5.4 Los espacios para los niños son también accesibles para todos los niños y adultos con discapacidad, observados en el uso de ese espacio de cuidado del niño (ej.: rampas y barandillas para personas con discapacidad: acceso para sillas de ruedas y andadores).*
NA permitido

7.1 Se reserva un espacio amplio y se usa principalmente para el juego de los niños (ej.: salón de juego grande; salón familiar usado principalmente para el juego y los materiales de los niños).*

7.2 El espacio para los niños es accesible para todos los niños y adultos con discapacidad.*

Item 2.

1.1, 3.1. Como los niños de distintas edades y capacidades tienen diferentes necesidades de muebles o para los cuidados de rutina, cada grupo de edades observado debe tener disposiciones adecuadas. Por ejemplo, los bebés necesitan dormir en cunas, pero los más grandes necesitan catres, colchonetas o camas para la siesta. Todos los niños necesitan disposiciones individuales para guardar sus pertenencias. Los niños en edad preescolar y los mayores precisan de fácil acceso al espacio de almacenamiento, pero el acceso fácil al lugar donde se guardan las pertenencias de los bebés y los niños en edad de caminar solo es necesario para los padres y las proveedoras. Cada niño debe tener un lugar adecuado para sentarse cuando lo alimenten, a menos que no se sienten todos los niños al mismo tiempo.

Los niños más pequeños que usan pañales necesitan una mesa o una superficie alternativa adecuada para cambiárselos, por ejemplo, una colchoneta plástica. Cuando no se use una mesa para cambiar pañales, se considera adecuada una superficie alternativa, si no es porosa y puede limpiarse y desinfectarse. Además la superficie debe ser lo suficientemente larga y ancha como para acomodar el cuerpo entero del niño, de la cabeza a los pies. La superficie para cambiar pañales debe minimizar la posibilidad de contaminación de las superficies que la rodean. Una superficie para cambiar pañales se considera aceptable si el cambio de pañales puede hacerse sin contaminar las áreas que la rodean.

Para otorgar crédito, obviamente debe usarse el mobiliario para el cuidado de rutina y no simplemente existir en el lugar o usarse para otros propósitos no relacionados con los niños. Califique 1.1 No si la mayor parte del mobiliario necesario para los cuidados de rutina que se observan en uso, aunque fuera un solo elemento, es inadecuado para cumplir con las necesidades de los niños o no existe en absoluto. Califique 1.1 Sí solo si la mayoría del mobiliario no tiene observaciones.

1.2. Considere las necesidades de la edad y las capacidades de los niños observados. Estos son algunos ejemplos de mobiliario para juegos y aprendizaje: tapetes o colchonetas para que jueguen los bebés, mesas y sillas para las actividades o la tarea, estantes bajos y abiertos o bandejas, cestas, cajones de leche para guardar los juguetes.

3.1. Cada niño debe tener "algún" lugar para guardar sus pertenencias personales, aunque no sea un espacio amplio. Como mínimo, en este nivel de calidad debería considerarse un gancho para que cada niño cuelgue una mochila o una bolsa de pañales. No obstante, debe existir alguna disposición personal que pueda tenerse en cuenta como muebles para el cuidado de rutina.

3.2. Este indicador requiere suficiente área de almacenamiento de fácil acceso para los materiales de juego y aprendizaje, sin que se amontonen en un espacio pequeño. Para otorgar crédito a los estantes, deben usarse para guardar material que los niños puedan alcanzar y usar. No incluye estantería que usa solo la proveedora, incluso si ella saca los materiales para que los niños accedan. Debe haber suficiente espacio de almacenamiento organizado abierto y bajo (estantes, recipientes o cestas) siempre que sea de fácil acceso y sin que los juguetes se amontonen o apilen. Debe haber suficiente espacio de almacenamiento de materiales que permita diferentes opciones a los niños observados.

3.3, 5.2. Si se usan asientos elevadores, deben permitir que los niños se sienten de manera segura. Si los asientos elevadores no están seguros en las sillas, se puede otorgar crédito para el ítem 3.3 siempre que los niños puedan acomodarse sin que signifique un peligro inmediato. Para el ítem 5.2, los almohadones o asientos elevadores deben asegurarse a las sillas. Si se utilizan mesas de excursión, considere si son cómodas para los niños y si pueden sentarse de manera segura. Si solo un niño presenta dificultades o si ese mueble se usa con poca frecuencia en comparación con el restante mobiliario que se considera dentro de este indicador, no califique No el ítem 3.3. Si el uso de la silla y la mesa implica riesgos de seguridad, considere esta situación también en el ítem "Prácticas de seguridad".

3.4. Para otorgar crédito, deben observarse al menos dos tipos diferentes de disposiciones durante la observación (ej.: escalones para el lavamanos, lugar de almacenamiento abierto y bajo para los juguetes).

3.5, 5.4. Consulte la información de "accesible" en la Explicación de términos usada en toda la escala.

5.1. Al considerar el lugar de almacenamiento de los niños, si los cubículos no son lo suficientemente grandes para guardar la ropa de invierno de los niños, este indicador se califica No. Se aplica aunque no se necesite vestimenta extra debido al estado del tiempo o la estación actual. No representa ningún problema el roce mínimo de las pertenencias, como que se toquen las mangas de los abrigos. Si las pertenencias no se guardan correctamente en los espacios específicos, de manera que se tocan o se caen, pero el espacio real es suficientemente grande si se usa bien, no se considera un problema, pero debe tenerse en cuenta en el ítem "Prácticas de salud". Dado que este indicador evalúa las características del mobiliario del programa, no tenga en cuenta los ítems que no son muebles para cumplir con el requisito, como mochilas, bolsas de pañales o bolsas plásticas para guardar las pertenencias de los niños, incluso si están colgadas en ganchos.

5.2. La "mayoría" significa que el 75 % del tiempo, las mesas y las sillas son adecuadas para el tamaño de los niños, de ser necesarias. Otorgue crédito si todas las mesas y las sillas que se usan tienen el tamaño infantil, si las sillas no necesitan adaptación o si no se necesita ninguna adaptación en absoluto.

5.3. Los muebles del cuidado de rutina deben ser de fácil acceso en el momento en que son necesarios, pero no deben necesariamente estar en el mismo salón. Lugar "conveniente" significa que es posible cumplir con las necesidades de cuidado de rutina de los niños con intervalos mínimos de la supervisión, teniendo en cuenta la edad y las capacidades de los niños.

7.3. Los muebles que constan de varias partes, pero están diseñados para el mismo tipo de juego, por ejemplo, dos partes de un mueble para juego dramático, dos mesas de arena, agua o dos caballetes separados, cuentan como un ejemplo cada uno. Además las mesas, sillas y estantes genéricos no se toman en cuenta para cumplir este requisito, incluso si se usan para un tipo específico de actividad. Por ejemplo, un estante básico abierto que se usa para guardar libros no debería contarse, pero un estante para libros escalonado que permite que los libros queden a la vista y sus portadas sean fácilmente visibles, sí. Para otorgar crédito, el mueble debe usarse durante la observación o, de no usarse, debe estar claramente dispuesto para su uso y ser accesible para los niños.

2. Muebles para el cuidado de rutina, el juego y el aprendizaje

1.1 No hay suficientes muebles para cumplir con las necesidades del cuidado de rutina de los niños observados: alimentación, descanso, cambio de pañales y uso del baño y almacenamiento de las pertenencias de los niños y los elementos del cuidado de rutina.*

1.2 No hay suficientes muebles para el juego y aprendizaje.*

1.3 El mobiliario en general está en condiciones tan malas que los niños podrían lastimarse (ej.: astillas o clavos expuestos; patas inestables en las sillas).

3.1 Hay suficientes muebles durante la observación para el cuidado de rutina para todas las edades o capacidades de los niños.*

3.2 Hay suficientes muebles durante la observación para el juego y aprendizaje para todas las edades o capacidades de los niños.*

3.3 Casi todos los muebles son seguros, están en buenas condiciones y limpios (ej.: los niños más pequeños no se ven inseguros o en peligro de caerse de las sillas de tamaño de adultos; hay adaptaciones para niños con discapacidad física).*

3.4 Los muebles estimulan la autoayuda si es necesario, con un ejemplo observado en las rutinas y uno en el juego (ej.: escalones cerca del lavamanos; silla especial para niño con discapacidad física; estantes bajos y abiertos para guardar los juguetes de manera accesible; área de almacenamiento especial a disposición solo de los niños en edad escolar).*

3.5 Al menos una superficie acolchonada (ej.: sofá, tapete, silla está accesible para los niños).*

5.1 Hay mobiliario amplio para el cuidado de rutina, juego y aprendizaje (ej.: todas las pertenencias de los niños guardadas en los muebles, minimizando así la contaminación; espacio para guardar abierto y bajo para muchos materiales de juego; mesa para cambio de pañales, si es necesaria).*

5.2 La mayoría de las mesas o sillas usadas para comer, jugar y actividades de aprendizaje son adecuadas para el tamaño de los niños, o se usan mesas y sillas de tamaño infantil (ej.: sillas de adultos con almohadones bien asegurados o asientos elevadores si no hay mesas y sillas de tamaño infantil).*

5.3 Los muebles de cuidado de rutina son accesible y conveniente (ej.: catres y tapetes de fácil acceso para el personal; lugar para guardar los pañales y los elementos relacionados cerca de la mesa para cambiar pañales; cubículos ubicados para que los padres, proveedoras y niños mayores accedan con facilidad).*

5.4 Hay superficies acolchonadas accesibles en varias áreas usadas por los niños (ej.: alfombra de pared a pared o varios tapetes en distintas partes del salón; sillón tapizado en un salón con sillas acolchonadas en otro).*

7.1 Al menos una mesa adecuada para niños con sillas para uso de los niños en edad de caminar y los niños en edad preescolar.
*NA permitido**

7.2 El mobiliario por lo general estimula el cuidado personalizado de los niños (ej.: muebles de distintos tamaños accesibles para las edades variadas de los niños del grupo; nombres de los niños o fotografías sobre los muebles indican que son de uso exclusivo de esos niños, como armarios o catres; los niños mayores usan materiales que están sobre los muebles, fuera del alcance de los niños más pequeños).

7.3 Al menos dos muebles para actividades específicas para uso de los niños en edad de caminar y los niños mayores (ej.: juego de cocina para juego dramático, mesa de arena o agua).*
NA permitido

20

Notas de aclaración

Item 3.

1.1 Para calificar este indicador, considere que se usan todos los espacios para cuidado de rutina y juego. Los ejemplos del indicador representan un problema de muchas aristas respecto de la disposición del espacio. Califique 1.1 Sí solo cuando existan condiciones de mucho hacinamiento que hagan difícil de cumplir las necesidades de cuidado de rutina y juego.

1.2, 3.2, 5.2, 7.2. Al calificar, considere las edades y capacidades de los niños y también las características personales, como la impulsividad. Considere además las características generales, cuanto más pequeño es el niño o cuantos más riesgos presente el espacio, mayor será la necesidad de supervisión visual.

1.3. La restricción a los niños del uso del espacio debe ser grave para calificar Sí. Cuando la proveedora traslade a un bebé en una mochila para niños u otro tipo de portabebés, considere el nivel de desarrollo y las necesidades personales del niño. Sería aceptable en el caso de un bebé muy pequeño trasladarlo en una mochila para bebé, siempre que el bebé requiera este tipo de cercanía. En cambio, para un bebé mayor podría ser muy restrictivo. Dado que *Caring for Our Children*, 4.ª edición, establece que los niños no deben permanecer en dispositivos restrictivos durante más de 15 minutos, considere si se mantiene a los niños en este tipo de dispositivos, tales como centros de entretenimiento, corralitos, sillas infantiles, columpios o cunas (cuando están despiertos) durante períodos prolongados, y si es una práctica regular o poco frecuente. Califique Sí cuando observe esta situación como práctica regular con algún niño.

5.4 Un "área acogedora" es un espacio claramente definido y muy blando, donde los niños pueden recostarse, echarse a fantasear, leer o jugar tranquilos. Por ejemplo, podría ser un tapete suave con muchos almohadones, un sofá o un colchón cubierto de almohadones. Un pequeño mueble no crea en sí mismo un área acogedora. Por ejemplo, una pequeña silla acolchada, un *puf* de tamaño infantil o una esquina alfombrada no son suficientes. No obstante, se podría dar una calificación *Sí* para cualquier combinación de esos muebles. Podría otorgarse crédito para un mueble grande, como un colchón, un sofá o un *puf* para adultos, si son tan suaves como se requiere y *accesibles* para los niños. Consulte la información sobre "accesible" en la Explicación de los términos usados en la escala.

7.1. En este caso, no se requiere perfección en la disposición del espacio interior. De todos modos, pueden no existir problemas "importantes" en la disposición del espacio que conlleven falta de supervisión durante períodos prolongados o instancias que sean estresantes para los niños.

Inadecuado		Mínimo		Bueno		Excelente
1	2	3	4	5	6	7

3. Disposición del espacio interior para el cuidado del niño

1.1 La disposición del espacio deja poco lugar para el cuidado de rutina y el juego (ej.: se cambian los pañales del bebé en la alfombra o el sofá del salón; el espacio está atestado de muebles para el cuidado de rutina de los niños o los niños no tienen permiso de usar los muebles y el material.*

1.2 La disposición del espacio hace extremadamente difícil supervisar a los niños adecuadamente (ej.: a los niños más pequeños se les permite usar varios salones al mismo tiempo con la supervisión de una única proveedora; los bebés duermen en un salón donde no están a la vista y no pueden ser supervisados; niños en edad escolar en áreas donde no se les puede oír ni supervisar con facilidad).*

1.3 Con frecuencia y de manera inadecuada, no se les permite a los niños el uso del espacio (ej.: bebés y niños pequeños en hamacas, cunas y corralitos durante la mayor parte del tiempo de juego; niños en las mesas durante períodos largos; se les pide a los niños en edad escolar que se queden con niños pequeños cuando no lo desean).*

3.1 Los materiales para las distintas clases de actividades están organizados generalmente por tipo para un uso productivo de los niños (ej.: juego de bloques que se guarda por separado; libros en los estantes o en una cesta; los materiales de juego dramático juntos en un solo lugar; los distintos tipos de juguetes no se mezclan en una sola caja).

3.2 La disposición del espacio permite a las proveedoras supervisar mínimamente a los niños (ej.: pueden oír y responder ante un problema con rapidez; pueden supervisar a los niños más pequeños o impulsivos más de cerca que a los demás)*.

3.3 Hay espacio para permitir distintos tipos de actividades lúdicas al mismo tiempo (ej.: juego tranquilo y más activo a la vez; distintos tipos de materiales pueden usarse al mismo tiempo).

5.1 Los materiales están ubicados por lo general para el fácil acceso de los niños, convenientemente cerca de espacio suficiente para usarlos sin interferencias (ej.: áreas con sonajeros, juguetes blandos y de gateo para los bebés; áreas de libros, de motricidad fina y gruesa para los niños en edad de caminar; áreas de arte, motricidad fina, juego con bloques y juego dramático para niños en edad preescolar; áreas de tarea, arte y juegos para niños en edad escolar).

5.2 La disposición del espacio permite mucha supervisión visual de los niños, aunque pueden existir algunos retrasos que no representan un problema (ej.: se puede ver a la mayor parte de los niños de un vistazo; la proveedora circula por el espacio para supervisar a los niños que están fuera de vista; se supervisa con frecuencia a los niños que duermen en zonas separadas).*

5.3 La mayoría de los espacios usados para cuidado del niño son accesibles para los niños con discapacidad del grupo.
NA permitido

5.4 Los niños tienen acceso a un área acogedora y protegida del juego activo.*
NA permitido solo si los bebés están presentes

7.1 La disposición del espacio permite que el cuidado de rutina y las actividades de juego puedan desarrollarse sin mayores problemas para cumplir con las necesidades de los niños (ej.: zona de cambio de pañales y uso del baño junto al área de juego; el área de preparación de la comida permite la supervisión de los niños mientras juegan; los espacios de juego están organizados para minimizar la interferencia con actividades de juego).*

7.2 La disposición del espacio permite que la proveedora vea a todos los niños de un vistazo, incluso mientras se ocupa de las actividades del cuidado de rutina o durante otras actividades, con solo algunos retrasos momentáneos.*
NA permitido si no hay niños menores de 3 años

7.3 La disposición por lo general estimula el uso independiente del mobiliario y los materiales (ej.: escalones cerca del lavamanos; estantes bajos y abiertos en el área de juego; etiquetas con imágenes para guiar la limpieza).

Notas de aclaración

Item 4.

Para que se considere "exhibición de material visual para los niños", los objetos deben exhibirse donde ellos puedan verlos con facilidad, como en las paredes o los muebles. El observador no debe buscar con avidez para encontrar el material, sino que debe mirar los lugares obvios donde los niños pasan mucho tiempo. No es necesario que todos los elementos estén al nivel visual de los niños, pero si esos elementos tienen contenido con pequeños detalles, como la mayoría de las fotografías, deben ubicarse donde ellos puedan comprender lo que representan, mientras que, si el contenido es grande y llamativo, puede colocarse a mayor altura. Los elementos deben colocarse en los espacios que los niños usan más frecuentemente o donde pasan la mayor cantidad de tiempo. Si los niños no pueden ver con facilidad el material visual que se exhibe, no se considera para la calificación.

No es necesario que el contenido del material visual esté diseñado específicamente para niños, es decir, con caricaturas, personajes de fantasía o carteles hechos por niños. Se puede considerar todo contenido adecuado y que sea fácilmente visible, como fotografías de la familia de la proveedora, imágenes de revistas o pinturas, siempre que sean significativas para los niños del grupo.

1.1, 3.1, 5.1. Las etiquetas en los estantes que indican dónde se guardan los materiales y las etiquetas del centro u otras señales no cuentan como exhibición.

3.1, 5.1. No tome en cuenta los trabajos artísticos de los niños al calificar estos indicadores. Los trabajos de los niños se consideran en 3.2, 5.3 y 7.2.

3.2. "Algunos" significa más de un ejemplo observado. El "trabajo" no necesita ser artístico ni tiene que estar individualizado.

5.1. "Muchos" no requiere una cantidad específica. La calificación se basa en el impacto total de lo que se exhibe para los niños en el espacio que usan con más frecuencia. No se requiere una exposición de material visual en todas las áreas.

3.3, 5.4, 7.3. No tome en cuenta las ocasiones en las que los niños no están interesados. La charla se debe relacionar con el contenido de la exhibición del material visual y debe adecuarse al nivel de desarrollo de los niños. Por ejemplo, para los bebés es suficiente nombrar un objeto que estén observando, pero para un niño en edad preescolar se debe comentar algo del contenido.

5.3. "Muy" significa que las creaciones de los niños están bien representadas en la exhibición del material visual. No debe ser difícil observar el trabajo, que debe estar en los lugares que los niños usan con mayor frecuencia y por los períodos de tiempo más largos. La exhibición debe incluir creaciones de la mayoría de los niños del hogar, a partir de los 18 meses de edad.

7.2. "Obra de arte individualizada" significa que cada niño ha elegido el tema y el medio para trabajar, según su propia manera de crear. De esta manera, los productos individualizados se ven distintos unos de otros. No se consideran obras individualizadas los proyectos en los que los niños siguen el ejemplo de un adulto o usan materiales prefabricados, como colorear las páginas de un libro.

Inadecuado		Mínimo		Bueno		Excelente
1	2	3	4	5	6	7

4. Exhibición de material visual para los niños*

1.1 No se exhiben imágenes ni otros materiales a los niños.*

1.2 Se exhibe mucho material inadecuado que los niños pueden ver fácilmente (ej.: material que da miedo, material que muestra violencia, material sexualmente explícito o estereotipos negativos de algún grupo).

3.1 Se exhibe al menos 3 imágenes coloridas y otros materiales (ej.: móviles, fotografías, carteles) a los niños.*

3.2 Se exhibe algún trabajo infantil (ej.: imágenes de garabatos, dibujos, pinturas, trabajo escrito).*
NA permitido si todos los niños tienen menos de 18 meses

3.3 La proveedora les habla a los niños sobre la exhibición.*
Observar una vez

5.1 Se exhiben muchas imágenes y fotografías sencillas y coloridas en todo el espacio de cuidado del niño, algunas al alcance de los niños.*

5.2 Hay señales claras de que los elementos se cambian regularmente (ej.: obras con fecha reciente; imágenes de la estación; fotos recientes de los niños; muestras que representan un tema de interés actual).

5.3 Se exhiben muchas obras hechas por los niños.*
NA permitido si todos los niños tienen menos de 18 meses

5.4 La proveedora señala el material exhibido y les hace comentarios a los niños.*
Observar dos veces

7.1 Se exhiben fotografías de los niños, su familia o sus mascotas al nivel de la vista del niño.

7.2 En la exhibición aparecen muchas muestras de obras de arte individualizadas de los niños.*
NA permitido si todos los niños tienen menos de 18 meses

7.3 La proveedora tiene charlas extensas con los niños interesados en la exhibición y mantiene conversaciones con niños que tienen lenguaje verbal y pueden participar.*

Item 5.

Muchos de los requisitos de supervisión y salud para estos niños se basan en las normas existentes en *Caring for Our Children* (nrckids.org/CFOC). Sin embargo, no todas las normas de ese recurso se incluyen en esta escala. La escala brinda requisitos que se observan más fácilmente durante una observación de 3 horas y eso representa solo una muestra de lo que se requiere verdaderamente para brindarles comidas saludables a los niños pequeños.

1.1, 5.1 Se les debe ofrecer una comida a todos los niños al menos una vez durante la observación de 3 horas, a menos que un niño mayor llegue muy tarde y el padre diga que acaba de comer. Los bebés amamantados no deben estar molestos mientras esperan que llegue su mamá. Se debe preparar el lugar para cuando las madres lleguen para amamantar a sus hijos. Ningún niño debe permanecer sin alimentarse durante un período prolongado si está claramente hambriento. No es aconsejable ofrecerles la opción de merienda o de juego a los bebés, niños en edad de caminar y niños de 2 años, ya que a esa edad no pueden decidir razonablemente si comer o jugar. A los niños en edad escolar se les debe ofrecer una merienda durante el tiempo del programa.

3.1, 5.2. Según *Caring for Our Children*, no se les debe ofrecer agua a los niños menores a 6 meses, pero se les puede dar leche de fórmula o de pecho en días calurosos. Los niños en edad de caminar y los niños mayores necesitarán más agua toda vez que la actividad física o las altas temperaturas lo requieran. Consulte la página 167 de *Caring for Our Children* para conocer información más específica sobre cómo servir agua a los niños. Debe calificarse *No* el indicador 3.1 si no se les da agua a los niños mayores en momentos en que su necesidad de hidratación aumenta (temperatura calurosa, después de una vigorosa actividad física, cuando tengan secreción nasal que indique resfrío, cuando el niño lo pida). El indicador 5.2 requiere que al menos una vez durante la observación se les ofrezca agua o se ponga agua a disposición de los niños en edad de caminar y de los niños mayores entre las comidas y meriendas.

1.2, 3.1, 5.2. Se usan las Directrices del Programa de Alimentación de Adultos y Niños para determinar la suficiencia de las comidas que se sirven. Si los padres de los niños traen la comida para sus hijos, se requiere que el programa suplemente cualquier componente necesario para que los niños reciban una nutrición adecuada mientras estén en el programa. Consulte el título "Material complementario para FCCERS-3" en el sitio web de ERSI para descargar material impreso sobre los requisitos del programa alimentario que debe usarse durante la observación. Para recibir crédito, se deben ofrecer todos los componentes requeridos a los niños que reciben las comidas y meriendas del programa. Las Directrices del Programa de Alimentación de Adultos y Niños se encuentran en fns-prod.azureedge.net/sites/default/files/cacfp/CACFP_infantmealpattern.pdf o en fns-prod.azureedge.net/sites/default/files/cacfp/CACFP_childmealpattern.pdf.

1.3, 3.2, 5.3, 7.2. Hay tres prácticas sanitarias importantes que se requieren: (1) lavar y desinfectar las superficies que se usan para comer, (2) lavarse las manos antes y después de comer y (3) servir alimentos no contaminados. Los procedimientos para el lavado de manos y de la mesa se encuentran en el sitio web de ERSI bajo el título "Material complementario para FCCERS-3". Se consideran las toallas de tela de un solo uso si nunca se comparten.

3.4. Consulte la información sobre *Interacciones: Positiva, Neutral y Negativa* en Explicación de los términos usados en la escala.

5.2. No otorgue crédito a menos que se sirvan juntos todos los componentes requeridos. Por ejemplo, la leche se debe servir junto con alimento sólido cuando los niños reciben la comida, ni antes ni después; los alimentos dulces, como las frutas, se deben servir con todos los otros componentes, no después de que los niños hayan comido alimentos que no son dulces. Si no hay indicación de existencia de alergia en ningún niño del grupo, ignore el ejemplo relacionado con sustitutos alternativos para niños con alergias.

7.1. Para otorgar crédito, ningún bebé o niño en edad de caminar puede quedar desatendido en ningún momento mientras come. Por ejemplo, califique *No* si existe mucha interacción amena durante la mayor parte del tiempo de la comida o merienda, pero se deja solo en la mesa a un comensal más lento durante un tiempo importante para comer sin interacción de la proveedora. Los niños en edad preescolar deben supervisarse visualmente para otorgar crédito. Es posible que los niños en edad preescolar no precisen supervisión cercana a menos que exista peligro con la merienda o la provisión de la merienda.

RUTINAS DE CUIDADO PERSONAL

5. Comidas y meriendas*

1.1 El horario de comidas y meriendas observado no cumple con las necesidades de los niños (ej.: los bebés hambrientos generalmente lloran por períodos extensos; los niños esperan más de 3 horas entre comida o merienda; los niños en edad escolar no tienen merienda).*

1.2 La mayor parte de la comida observada que se sirve no cumple con las directrices nutricionales o no es adecuada para la edad de los niños (ej.: faltan muchos componentes alimenticios en las comidas; no se tienen en cuenta las alergias; se sirven alimentos que pueden provocar asfixia).*

1.3 Se ignoran la mayoría de los procedimientos sanitarios (ej.: no hay lavado de manos; la comida se sirve directamente en las bandejas o mesas de las sillas altas; se deja expuesta la comida o las botellas durante mucho tiempo).*

1.4 Supervisión inadecuada durante el momento de alimentarlos (ej.: la proveedora se ocupa de otras actividades, trata a los niños con rudeza; habla de manera dura).

3.1 Los alimentos que se sirven generalmente cumplen con las directrices nutricionales y son adecuados (ej.: sustitutos alimenticios adecuados para niños con alergia; apoyo para amamantar; no hay riesgo de asfixia; la proveedora olvida solo un componente alimenticio; se ofrece agua de ser especialmente necesario).*

3.2 Se presta algo de atención al servicio de alimentos en condiciones sanitarias (ej.: se hacen intentos por desinfectar las superficies, desinfectar los lavamanos entre tipos de uso, hacer el lavado de manos y servir alimentos no contaminados, pero hay muchos retrasos en los procedimientos).*

3.3 Se realiza alguna supervisión adecuada mientras los niños comen o son alimentados (ej.: la proveedora observa a los niños, pero está también ocupada en otras tareas; se tiene en brazos a los bebés más pequeños para alimentarlos con biberón; supervisión de los niños mayores).

3.4 La supervisión es neutral o agradable, sin interacción negativa (ej.: un poco de conversación cuando se alimenta a los niños; no hay críticas por volcar líquidos).*

5.1 El horario de las comidas y meriendas cumple con todas las necesidades individuales de los niños (ej.: ningún niño llora por hambre durante más de 3 minutos hasta que es alimentado; la comida y los biberones están listos para todos los niños según se necesitan).*

5.2 Todos los alimentos que se sirven son adecuados y cumplen con las directrices nutricionales, se ofrece agua entre las comidas y meriendas (ej.: la proveedora suplementa los alimentos que envían los padres cuando es necesario; se alienta el amamantamiento o la leche materna; se hacen sustitutos adecuados para niños con alergias).*

5.3 Se presta mucha atención a desarrollar prácticas sanitarias, aun cuando pueden existir fallos menores.*

5.4 Se supervisa generalmente a los niños que están comiendo o son alimentados (ej.: la proveedora observa a los niños que están comiendo y responde de manera adecuada a los problemas o necesidades de esos niños; conversa con los niños en edad escolar para saber si disfrutan de la merienda).

5.5 El momento de la comida es placentero para los niños y se brinda alguna enseñanza (ej.: acurruca y habla a los bebés; nombra los alimentos; es paciente con los comensales lentos; da indicaciones; hace preguntas sencillas, como "¿Quieres más?" con más interacción con los niños mayores; enseña habilidades de autoayuda cuando los niños están preparados).

7.1 La proveedora presta adecuada atención a todos los niños que están comiendo (ej.: tiene en brazos a todos los bebés para darles el biberón; se sienta a la mesa con los niños mientras ellos comen).*

7.2 Las prácticas sanitarias se desarrollan con leves retrasos ocasionales en los procedimientos requeridos (ej.: higiene de manos generalmente adecuada; las mesas y sillas altas por lo general están desinfectadas correctamente).*

7.3 La interacción es personalizada para cada niño, se observa mucha conversación y nivel de respuesta agradable (ej.: presta atención al niño que le comunica sus necesidades y le responde adecuadamente).

7.4 La proveedora usa charlas sobre matemáticas en el momento de la comida (ej.: cuenta galletas para los niños; usa contrastes como mayor y menor, más grande y más pequeño cuando es apropiado; pide a los niños en edad escolar que averigüen qué cantidad de cada elemento es necesaria para la merienda).
Observar dos veces

25

3.4. Consulte la información sobre *Interacciones: Positiva, Neutral y Negativa* en Explicación de los términos usados en la escala.

5.2 Todos los niños deben cambiarse o usar el baño al menos una vez durante la observación de 3 horas. Incluso es posible que a un niño se le cambien los pañales o use el baño más de una vez.

5.4, 7.3. "Interacción de enseñanza" significa describirle al niño el procedimiento del cambio de pañales y uso del baño de una manera significativa para él (como comentarlo al frotar las manos durante el lavado de manos o contar las partes del cuerpo); hablarle sobre lo que ese niño ve: cantarle; hacerle preguntas; hablarle de cómo sigue el día de ese niño o comentarle sobre la ropa que él está usando, mencionando los colores o describiendo cómo ponerse y quitarse esa vestimenta. A medida que los niños crecen, otorgue crédito solo por las interacciones de enseñanza extendidas, como enseñarles a lavarse las manos correctamente, dialogar sobre la necesidad de una buena higiene o cualquier tema de interés para ellos.

Notas de aclaración

Item 6.

Si *no* se le permite el ingreso al área de baños mientras los niños están, use cualquier evidencia disponible para calificar 1.1 y 3.1, pero califique 5.1 y 7.1 *No* por falta de evidencia directa.

1.1, 3.1, 5.1, 7.1. Para calificar, consulte el material impreso sobre Procedimiento para el lavado de manos y cambio de pañales en el sitio web del Environment Rating Scales Institute (www.ersi.info). La información que contiene el material impreso proviene de *Caring for Our Children* (nrckids.org/ CFOC/), páginas de la 113 a la 115. Consulte el recurso completo para conocer más sobre las normas específicas de uso del baño y el cambio de pañales, cómo cambiar a los niños que usan "*pull-ups*" o calzones entrenadores", horario del uso del baño y otras disposiciones. Verifique también la Explicación de términos usada en toda la escala, para obtener información sobre prácticas de higiene, no es necesario reunir información para calificar. Para observar a todos los niños en la rutina del cambio de pañales o uso del baño. Un solo ejemplo es suficiente. Cerciórese de supervisar cada grupo de edades del programa. Si la proveedora no es consistente en sus procedimientos, tome como muestra más niños para decidir si generalmente los sigue (5.1) o si solo parte del tiempo (7.1).

3.3 Para determinar si una situación es "claramente peligrosa", considere los riesgos que implica la edad y características de los niños y el tipo y cantidad de supervisión realizada. Observe que las área de baños son más peligrosas para los niños más pequeños o más impulsivos, especialmente por el agua estancada del baño y la posible presencia de material riesgoso, como los productos de limpieza. Aunque en términos de riesgos, no todas las área de baños son necesariamente iguales.

6. Cambio de pañales y uso del baño*

1.1 Casi no se presta atención para asegurar la sanidad durante el cambio de pañales y uso del baño (ej.: pocos intentos de lavado adecuado de manos; áreas sin la limpieza y desinfección necesarias).*

1.2 Hay problemas importantes con el horario del cambio de pañales y uso del baño (ej.: no se observa si se revisan los pañales o si se deben cambiar; no se observa uso del baño de los niños mayores que no usan pañales).

1.3 La supervisión es inadecuada (ej.: generalmente niños sin supervisión en el área de baños; bebés en la mesa del cambio de pañales sin presencia de un adulto).

1.4 Con frecuencia se trata a los niños de manera negativa o impersonal (ej.: se les habla poco; generalmente se observan interacciones desagradables; no hay respuesta a los intentos de comunicación de los niños).

3.1 Se hacen algunos intentos por cumplir con los requisitos sanitarios (ej.: se limpia bien a los niños; se limpia la superficie para el cambio de pañales entre uso, aunque no de acuerdo con el procedimiento requerido; descarga habitual en los baños; algún intento respecto del lavado de manos, aunque no correcto ni consistente).*

3.2 El horario de cambio de pañales y uso del baño generalmente cumple con las necesidades de los niños (ej.: a todos los niños se les cambian los pañales o todos usan el baño según el mismo horario sin que se observen problemas; a todos los niños se les cambian los pañales o los niños usan el baño al menos una vez).

3.3 Se observa algo de supervisión y ninguna situación clara de peligro (ej.: la proveedora permanece junto al niño en la mesa del cambio de pañales; ayuda a los niños mayores a usar el baño).*

3.4 Se observa alguna interacción positiva y ninguna negativa entre la proveedora y los niños (ej.: la proveedora les habla algunas veces a los niños; les brinda algo de ayuda; no hay trato rudo).*

5.1 Se siguen generalmente los requisitos sanitarios adecuados (ej.: la proveedora y la mayoría de los niños hacen correctamente el lavado de manos; la superficie del lavabo y del cambio de pañales habitualmente desinfectada).*

5.2 El horario del cambio de pañales y uso del baño cumple con las necesidades de todos los niños (ej.: horario en grupo usado con alguna individualización de ser necesaria; los pañales se revisan cada 2 horas y se cambia a los niños cuando es preciso; se observa que se lleva al baño a los niños a los que se les está enseñando el uso independiente del baño).*

5.3 Hay supervisión cuidadosa y agradable (ej.: la proveedora supervisa visualmente a todos los niños en edad preescolar y a los niños más pequeños; ayuda a cada niño si es necesario; es paciente con los niños; usa técnicas de juego para divertir al niño).

5.4 Se observa alguna interacción de enseñanza (ej.: la proveedora explica lo que sucede y por qué; ayuda con el lavado de manos y conversa sobre eso; señala y habla sobre lo que los niños ven; cuenta la cantidad de dedos y pies del niño).*

7.1 Los procedimientos sanitarios se realizan correctamente casi todo el tiempo, con solo pocos retrasos menores.*

7.2 El horario del cambio de pañales y uso del baño casi siempre es individualizada (ej.: la proveedora nota si un bebé necesita que lo cambien; les pregunta periódicamente a los niños en edad de caminar y a los de 2 años si quieren usar el baño).

7.3 Se observan frecuentes interacciones de enseñanza (ej.: la proveedora les enseña a los niños, cuando están listos, habilidades de autoayuda, como el lavado de manos; se les conversa a todos los niños).*

Notas de aclaración

Item 7.

En este ítem, se evalúan temas relacionados con la siesta y la salud en general. Como los aspectos de salud de las comidas y meriendas y cambio de pañales o uso del baño se tratan en otros ítems, no considere estas áreas al calificar este ítem. Los requisitos de este ítem se basan en la información que contiene *Caring for Our Children* (nrckids.rg/CFOC/). Si fuera necesario, consulte el recurso completo para tener más información sobre las normas específicas relacionadas con la salud. Lea las notas sobre lavado de manos y uso de desinfectante de manos en la Explicación de términos usada en la escala.

1.1, 3.1, 5.1, 7.1. Observe que todos los problemas relacionados con la siesta se tratan en otros indicadores de este ítem y no deben tenerse en cuenta para estos indicadores.

1.2, 3.2, 5.2, 7.1. Lea la nota general anterior sobre *Caring for Our Children* para las prácticas específicas de higiene de manos requeridas en estos indicadores.

3.3, 3.4, 5.3, 5.4. Si no se observa evidencia relacionada con la siesta, como catres o almacenamiento de ropa de cama, califique *NA* a estos indicadores relacionados con la siesta. Si se observa alguna evidencia, como la manera en que se guardan los catres, las colchonetas o las sábanas, califique el indicador 1.3 según la evidencia observada. Califique los indicadores 3.3 y 5.3 solo si están presentes los catres, colchonetas y cunas o si se observa que se están armando. De otro modo, califique *NA*. Si es claro que los niños en edad preescolar o los niños en edad escolar necesitan siesta, pero no se hace ninguna previsión para ellos, califique *No* los indicadores 3.4 y 5.4.

3.3, 5.3 Para recibir crédito, los catres y cunas deben estar físicamente separados según los requisitos mencionados. Las barreras sólidas en los extremos de los catres solo se consideran para calificar *No* el indicador 1.3.

5.5, 7.2 No otorgue crédito cuando la interacción entre la proveedora y el niño sea simplemente pedir al niño que complete una tarea relacionada con la salud, como "Ve a lavarte las manos". Debe existir una instrucción para ayudar al niño a que aprenda cómo realizar la tarea correctamente. Debe hacerse un seguimiento junto con instrucciones cuando sea necesario.

Inadecuado		Mínimo		Bueno		Excelente
1	2	3	4	5	6	7

7. Prácticas de salud*

1.1 Se realiza poco esfuerzo para disminuir la propagación de gérmenes en las áreas que usan los niños (ej.: nunca se quitan los juguetes que estuvieron en la boca o se ensuciaron; rara vez se limpian las narices cuando es necesario; por lo general, se ignoran las babas u otros derrames; el espacio y los muebles generalmente están sucios).*

1.2 Se presta poca o ninguna atención a la higiene de manos.*

1.3 Los niños no están protegidos de los riesgos observados en el ambiente (ej.: insecticidas rociados en presencia de los niños; moho visible en los espacios del niño; hay señales de fumadores; no se usa protector solar cuando es necesario).

1.4 La interacción con el niño en relación con la salud es por lo común negativa (ej.: se deja llorar a los niños en la cuna durante más de 2 o 3 minutos; el lavado de manos se hace de manera ruda; se les arrebata a los niños los juguetes de la boca; la proveedora les grita a los niños en edad escolar por no deshacerse adecuadamente de los pañuelos desechables).

3.1 Se realiza algo de esfuerzo para disminuir la propagación de gérmenes en las áreas que usan los niños (ej.: el espacio y los muebles razonablemente limpios; a veces se quitan los juguetes que estuvieron en la boca o se ensuciaron; se limpian las narices a veces cuando es necesario; las pertenencias de los niños se guardan por separado).*

3.2 Se hace algún intento por realizar la higiene de manos cuando es necesaria (ej.: lavado de manos ocasional en niños y adultos, incluso cuando no se siguen nunca los procedimientos requeridos).*

3.3 Los requisitos de siesta y descanso son sanitarios con solo inconvenientes menores, la mayoría de las cunas y catres están separados por 18" (ej.: ropa de cama limpia para cada niño; cunas y catres limpios).*
NA permitido

3.4 El horario de la siesta cumple con las necesidades de la mayoría de los niños.*
NA permitido

3.5 La interacción relacionada con la salud del niño es neutral o agradable, sin que se observe interacción negativa que provoque angustia indebida (ej.: ningún rigor que provoque malestar a los niños; algo de conversación y enseñanza de habilidades de autoayuda).

5.1 Se hace mucho esfuerzo para disminuir la propagación de gérmenes en las áreas que usan los niños (ej.: el salón y los muebles están limpios y no se observan problemas; se retiran para limpiar la mayoría de los juguetes que estuvieron en la boca; las narices se limpian con frecuencia cuando es necesario).*

5.2 Se hace mucho esfuerzo para realizar la higiene de manos adecuada y de acuerdo con el procedimiento requerido, aunque se observan fallos menores.*

5.3 Las disposiciones para la siesta y descanso cumple con los requisitos sanitarios, con separación de 36" entre las cunas y catres.*
NA permitido

5.4 El horario de la siesta cumple con las necesidades de todos los niños (ej.: tiempo de siesta flexible para los niños en edad de caminar que se sienten cansados; programa individual y procedimientos personalizados para cada bebé; flexibilidad para la siesta de los niños en edad preescolar mayores y los niños en edad escolar).*
NA permitido

5.5 Se observa alguna interacción de enseñanza positiva durante las prácticas relacionadas con la salud (ej.: la proveedora le muestra al niño cómo lavarse las manos mientras describe los pasos; le enseña a limpiarse la nariz o ponerse el abrigo; les explica a los niños por qué es necesario cuidar la salud; les enseña a los niños mayores a ponerse protector solar).*

7.1 Los procedimientos de salud, incluso la higiene de manos, se realizan tal como se requiere, con solo unos pocos fallos menores.*

7.2 Los niños experimentan a menudo interacción de enseñanza positiva durante las prácticas relacionadas con la salud (ej.: la proveedora cuenta los dedos o los segundos que se usan para el lavado de manos; menciona los pasos de los procedimientos; habla sobre combatir los gérmenes; canta; mide con los niños para cerciorarse de que los catres estén correctamente separados; ayuda a los niños a buscar sus nombres en los catres; pide ayuda a los niños en edad escolar para el lavado de la ropa infantil).*

Notas de aclaración

Item 8.

Para calificar este ítem, consulte Standard Consumer Safety Performance Specification for Playground Equipment for Public Use (ASTM International, 2017a); Standard Consumer Safety Performance Specification for Home Playground Equipment (para los hogares pequeños que no atienden más de 6 niños; ASTM International, 2018); Standard Consumer Safety Performance Specification for Public Use Play Equipment for Children 6 Months Through 23 Months (ASTM International, 2017b) y el Capítulo 6 de *Caring for Our Children* (2019); pero tenga en cuenta si deben considerarse importantes los problemas dentro de cada circunstancia específica. La información sobre seguridad de la motricidad gruesa se encuentra en "Material complementario de la ECERS." Están incluidos en este ítem los medicamentos de venta libre y los prescritos, los ungüentos, etcétera.

1.1, 1.2, 3.1, 3.2, 5.1, 7.1. Ningún ambiente de estimulación es *completamente* seguro para los niños. Por lo tanto, la intención de este ítem y de otros en los que se considera la seguridad es disminuir el riesgo de lesiones en los niños al reducir las amenazas y brindar supervisión adecuada según la edad y habilidad de los niños del grupo. Se deben considerar durante la observación los riesgos de seguridad en los espacios interiores y al aire libre. Sin embargo, al calificar no se puede medir de la misma forma todos los riesgos. Un riesgo de seguridad *extremo* es el que presenta una amenaza inmediata para la vida y seguridad de los niños. Un riesgo de seguridad *mayor* es aquel en que el riesgo de lesiones graves es muy alto, mientras que un riesgo *menor* es uno que no tiene grandes consecuencias o que no es un accidente probable debido, por ejemplo, a la naturaleza de la supervisión, las características de los niños del grupo o a la posibilidad de exposición al riesgo. Cuando observe riesgos, no trate de imaginar cada accidente posible que podría ocurrir. En lugar de eso, considere la seriedad del riesgo y cuál es la probabilidad de que provoque un problema según las consideraciones relativas. A continuación se exponen algunos ejemplos de riesgos graves en comparación con riesgos menores similares:

- Falta de uso de correas de seguridad en las sillas altas, en comparación con falta de uso de correas de seguridad en las sillas para alimentar bajas.
- Hay un tomacorrientes sin cubrir al alcance de los niños, cerca de la mesa de agua donde los niños juegan sobre el piso húmedo, en comparación con un tomacorrientes sin cubrir fuera del alcance de los niños o en ningún lugar que represente un problema.

- Se dejó una botella llena de lejía de máxima concentración al alcance de los niños en el lugar donde comen o juegan, en comparación con una botella guardada en lo alto, fuera del alcance, aunque no está cerrada.
- Un escalador bajo no tiene zona de caídas y está sobre el cemento, en comparación con el mismo escalador con zona de caída que tiene casi la amortiguación suficiente para cumplir con los requisitos de amortiguación de la Consumer Product Safety Commission (Comisión de seguridad de productos para el consumidor).
- Riesgo de aprisionamiento en un equipo de uso frecuente, en comparación con el mismo tipo de riesgo en la salida en un lugar donde es mucho menos probable que cause un problema.
- Los niños usan material altamente tóxico o elementos que tienen un riesgo de asfixia inmediato (extremo), en comparación con usar crema de afeitar como parte de una actividad artística supervisada (menor).
- Permitir a un niño en edad escolar salir a encontrarse con sus padres que están conduciendo (riesgo menor o mayor, según las circunstancias) en comparación con permitir a un niño de 2 años hacer lo mismo (riesgo mayor a extremo, según las circunstancias específicas).

1.1, 3.1, 5.1, 7.1. Como la mayoría de las cunas con laterales móviles ya no se consideran seguras para los niños, téngalo en cuenta al calificar estos items. Una cuna con lateral móvil tiene al menos un lado en el que el lateral completo de la cuna puede bajarse. Debe tenerse en cuenta que algunas cunas con laterales en los que un sector corto de la parte superior es móvil no se considera "cuna con lateral móvil".

1.2, 3.2. Observe todo equipo fijo y en espacio al aire libre del lugar que se use con regularidad para determinar la seguridad. Esto incluye el espacio de motricidad no gruesa utilizado, por ejemplo, los espacios que se usan para las actividades de ciencias o de arte. Si el espacio y equipo no se usa durante la observación de 3 horas, tenga en cuenta el antes y el después de cuando se completa la observación. En algunos casos, los niños no usan el espacio al aire libre. Esta situación es más probable en programas que atienden solo a bebés pequeños, pero puede ser válido para grupos de niños mayores. Si no se usa el espacio al aire libre, califique *NA*.

3.3 Si no se observa juego al aire libre, califique según el juego dentro de un espacio interior.

3.4. Consulte la información sobre *Interacciones: Positiva, Neutral y Negativa* en Explicación de los términos usados en la escala.

Inadecuado		Mínimo		Bueno		Excelente
1	2	3	4	5	6	7

8. Prácticas de seguridad*

1.1 Se observan muchos peligros importantes que representan un alto riesgo de heridas graves en el espacio *interior* que usan los niños o un peligro extremo por el que los niños están en grave riesgo (ej.: arma de fuego fácilmente accesible; bebé sobre la mesa del cambio de pañales desatendido durante un período prolongado).*

1.2 Se observan muchos peligros importantes que representan un alto riesgo de heridas graves en el espacio al *aire libre* que usan los niños o un peligro extremo por el que los niños están en grave riesgo (ej.: patio de juego sin vallas; escalador alto ubicado sobre cemento; niños que juegan cerca de una piscina sin cerco).*
NA permitido

1.3 La supervisión es extremadamente inadecuada durante la mayor parte de la observación.

1.4 Los problemas de seguridad con los niños se gestionan de manera negativa por lo general (ej.: la proveedora es ruda con el niño que trepa a los muebles o lastima a otro niño; manejo rudo del niño que no obedece las reglas de seguridad).

3.1 Se observan no más de tres peligros mayores y ninguno extremo en el espacio *interior* que usan los niños.*

3.2 Se observan no más de tres peligros mayores y ninguno extremo en el espacio al *aire libre* que usan los niños.*
NA permitido

3.3 Hay alguna supervisión para los problemas de seguridad, tanto en espacios interiores como al aire libre, con pocos o ningún problema de seguridad mayor (ej.: a veces se supervisa a los niños que duermen la siesta; la proveedora circula por el salón o el patio para supervisar a los niños, incluso cuando no se puede ver a todos al mismo tiempo; la proveedora responde al llanto de los niños).*

3.4 La supervisión es neutral o agradable, no se observan interacciones extremadamente negativas.*

5.1 Se observan no más de dos peligros mayores para la seguridad, combinados en espacios interiores y al aire libre.*

5.2 Los niños en edad preescolar y los más pequeños están generalmente dentro del campo de visión y fácil alcance de la proveedora y se supervisa regularmente a los niños en edad escolar.

5.3 Se evita de manera adecuada el comportamiento poco seguro de la mayoría de los niños y no se observan conductas extremadamente inseguras (ej.: se les redirige a una actividad más adecuada; no se observa enojo cuando la proveedora impide el comportamiento riesgoso de un niño).

5.4 La proveedora da explicaciones sencillas de por qué los niños no deben actuar de manera riesgosa mientras evita la acción de los niños (ej.: "Los pies en el piso, Rosie. No quiero que te caigas y te lastimes"; "No empujes a tu amigo, Daniel. Puede caerse y lastimarse"; "Ven a verme con frecuencia para saber que estás bien", para los niños en edad escolar.
Observar una vez

7.1 No se presenta ningún peligro mayor para la seguridad en espacios interiores o al aire libre y se observan solo algunos peligros menores.*

7.2 Los espacios que usan los niños se disponen en general de modo de evitar problemas de seguridad (ej.: la proveedora supervisa con facilidad, incluso cuando realiza tareas de cuidado de rutina; no se usan muebles o equipos demasiado peligrosos).

7.3 La proveedora generalmente ajusta la revisión según los riesgos relativos y la conducta de los niños (ej.: la proveedora permanece cerca del niño que muerde; supervisa de cerca el uso del equipo para escalar; supervisa de cerca a los niños cuando están en las áreas de mucho riesgo).

Notas de aclaración

Item 9.

Si bien los indicadores de calidad de este ítem son verdaderos para una diversidad de culturas e individuos, es posible que difieran en la manera en la que se expresan. Por ejemplo, puede cambiar el tono de voz, ya que algunos individuos usan un tono más exaltado mientras otros tienen un tono más calmado. Sin importar el estilo de comunicación personal de la proveedora a la que se observa, deben cumplirse los requisitos de los indicadores, aunque puede haber algún tipo de variación en la manera de hacerlos.

3.1, 5.1 Para otorgar crédito, no se requiere que todos los niños tengan la misma cantidad de tiempo de conversación con la proveedora. Para otorgar crédito para 3.1, la mayoría de los niños deben mantener algo de conversación con la proveedora. Para otorgar crédito para 5.1, todos los niños deben mantener algo de conversación con la proveedora y ningún niño debe tener poca conversación.

3.2 Consulte la información sobre *Interacciones: Positiva, Neutral y Negativa* en Explicación de términos usados en la escala.

3.4, 7.2 Para otorgar crédito, esté atento a que la proveedora y los niños se diviertan mientras usan palabras. La naturaleza del juego verbal diferirá a medida de que los niños sean mayores y puedan entender el lenguaje y participar verbalmente. El juego verbal debe dar al niño una respuesta que muestre diversión durante la interacción. No tenga en cuenta la interacción cuando el niño responde de manera negativa como juego verbal. Por ejemplo, si los niños en edad preescolar deben sentarse en círculo y cantar una canción, pero claramente no disfrutan de la experiencia porque quieren levantarse y hacer otra cosa, no considere esta situación como juego verbal, o no lo tome en cuenta si la proveedora trata de que un bebé deje de llorar, usando juego verbal para distraerlo, y el bebé no responde de manera positiva. Para 3.4, el juego verbal debe tener lugar en dos momentos distintos. Para 7.2, el juego verbal frecuente con los niños debe tener lugar con intermitencias durante la observación.

5.1 Se espera que durante el juego de motricidad gruesa, la conversación sea menos frecuente que en otros momentos, pero para dar crédito debe observarse alguna conversación con los niños durante ese tiempo.

LENGUAJE Y LIBROS

9. Hablar con los niños*

1.1 Poca o ninguna conversación con los niños.

1.2 La proveedora habla con los niños generalmente de manera negativa (ej.: de manera exigente, ruda, cruel o amenazante).

1.3 No se observa sensibilidad hacia el interés, compromiso o ánimo especial del niño (ej.: la proveedora sigue hablándole al niño que no está interesado; interrumpe la actividad del niño con conversación).

1.4 Por lo general, la proveedora no está cerca del niño al que le habla y los niños no prestan atención a lo que está diciendo (ej.: saludos desde otro salón; comentario sobre el juguete que el niño usa en el piso mientras la proveedora pasa rápidamente).

3.1 Cantidad moderada de conversación con los niños durante la observación (ej.: la proveedora saluda a los niños, da indicaciones o anuncia el momento de cambiar los pañales o almorzar).*

3.2 La conversación de la proveedora con los niños generalmente es neutral o positiva, sin negatividad o desagrado extremo.*

3.3 Hay algo de sensibilidad hacia el interés, compromiso o ánimo especial de los niños (ej.: la proveedora le habla al niño que ansía interacción; le habla amablemente al niño cansado).

3.4 La proveedora a veces habla con los niños de manera juguetona (ej.: usa sílabas sin sentido con los bebés; usa rimas, melodías, canciones u otro juego verbal con los niños en edad de caminar o los niños de 2 años; usa expresiones faciales graciosas; usa juegos de palabras y bromas con los niños en edad escolar).

Observar en 2 niños distintos

5.1 Frecuente conversación agradable con los niños durante la observación, tanto en el juego como en las rutinas (ej.: no hay períodos extensos en los que haya poca o ninguna conversación con los niños; la conversación es generalmente amable y divertida).*

5.2 La mayor parte de la conversación con los niños es informal, no es parte del momento en grupo formal y no es principalmente para dar indicaciones a los niños (ej.: la proveedora habla con los niños mientras juegan, durante las rutinas, mientras los tiene en brazos y socializan, cuando le muestra algo al niño).

5.3 La conversación de la proveedora con los niños generalmente responde al interés, compromiso o ánimo especial del niño (ej.: la proveedora no le sigue hablando a los niños cuando ellos quieren jugar; usa tonos variados según la necesidad del niño).

7.1 La mayor parte de la conversación con los niños es personalizada, con frecuente comunicación uno a uno (ej.: la proveedora hace contacto visual con el niño; usa el nombre del niño; habla con el niño con el idioma materno del niño; usa lenguaje de señas o comunicación alternativa si es necesario).

7.2 Frecuente uso de juego verbal con los niños durante la observación.*

Notas de aclaración

Item 10.

3.1, 5.1 Para otorgar crédito, debe ser capaz de decir de qué se está conversando únicamente por medio de lo que escucha, a veces para 3.1 y con frecuencia para 5.1.

5.1 Por ejemplo, si la proveedora está alimentando a los niños, debe ser fácil contar qué comen los niños sin tener que ver la comida. De manera similar, debe ser capaz de decir solo al escuchar con qué están jugando los niños o qué sucede durante el cambio de pañales. Es aceptable que la proveedora use más palabras para los objetos y menos palabras para las personas, acciones y lugares cuando habla con los bebés y los niños en edad de caminar pequeños. En caso de los niños en edad de caminar y de los niños en edad de caminar pequeños, se deben usar muchas palabras de todo tipo. Para los niños en edad escolar, se deben usar palabras y oraciones más complejas. Para otorgar crédito para el ítem 5.1, los niños de todos los grupos de edades deben experimentar nombres y palabras descriptivas específicas.

5.2 Los niños sacan provecho de distintas estrategias para aprender nuevas palabras. Aprenden nuevos significados de las palabras al oírlas una y otra vez. Una vez que conocen claramente la palabra, la proveedora debe agregar otras distintas. Por lo tanto, para recibir crédito, la proveedora debe repetir muchas palabras para que los niños más pequeños escuchen durante la observación. Por ejemplo, se deben repetir los nombres de las comidas cuando los niños más pequeños están comiendo; se deben repetir los nombres de los juguetes mientras están jugando y se deben repetir las palabras de la ropa mientras se cambian los pañales, se usa el baño o cuando se visten para salir al aire libre. En el caso de los niños mayores, se debe ampliar el uso de las palabras más sencillas para incluir más variación. Los niños mayores aprenden palabras nuevas al escucharlas y por medio de explicaciones de su significado en términos apropiados para la edad. Para calificar Sí, debe ser una práctica habitual.

7.1 Para recibir crédito, la proveedora debe hacer más que nombrar los objetos o las actividades del hogar. Se deben usar muchas palabras descriptivas y también palabras menos comunes. Por ejemplo, la proveedora podría usar palabras como "extasiado" en lugar de solo "feliz". Deben usarse palabras descriptivas con frecuencia, incluso las que mencionan colores (ej.: "esmeralda" en lugar de "verde"), números ("numeroso" en lugar de "muchos"), objetos naturales o seres vivos ("roble" en lugar de "árbol") y emociones ("contrariado" en lugar de "triste"). Dado que esta debe ser una práctica "habitual", se debe escuchar decirlas durante la observación y no solo unas pocas veces.

7.3 Este indicador determina si la proveedora les proporciona nuevo vocabulario a los niños al agregar juguetes, materiales y mostrarles elementos de los cuales les habla. Agregar tales materiales permite a la proveedora usar palabras nuevas para los niños. Por ejemplo, esté atento a si la proveedora trae un juguete nuevo, vuelve a traer un juguete conocido que los niños no habían visto durante un tiempo, ofrece una actividad o un material que no tiene libre acceso para los niños o señala elementos exhibidos, relacionados con temas que los niños comentan habitualmente, como las muestras de estación. Para otorgar crédito, se debe observar al menos una instancia en la que la proveedora hable sobre una experiencia nueva.

7.4 Observe al menos una vez para calificar Sí. Para recibir crédito, debe observarse que la proveedora responde verbalmente a los sonidos o palabras de un niño y amplía la idea de ese niño. El agregado de información a las ideas de los niños variará según el nivel de desarrollo de los niños del grupo. Para un bebé, podría significar responder a un "ba" con "Sí, biberón. Aquí tengo tu biberón. Tu biberón está tibio y listo. Busquemos tu babero para que comas". En el caso de un niño pequeño que dice "Hice una torre", la proveedora podría responder "Veo que apilaste los bloques de madera para hacer una torre alta. Contemos cuántos bloques usaste", proceda a contar los bloques con el niño y diga "Hiciste una torre con 10 bloques". La proveedora puede repetir la palabra o hacer una pregunta. A veces las respuestas contienen menos información detallada (el niño dice "camión", y la proveedora responde "un camión amarillo" o "me gustan los camiones"), pero para que se otorgue crédito en este caso, las respuestas deben ser más amplias (ej.: "Algunos camiones son grandes y otros son pequeños. Tu mami conduce una camioneta pequeña. También hay camiones grandes que se usan para llevar cajas").

10. Motivar el desarrollo del vocabulario

1.1 La proveedora usa vocabulario muy limitado con los niños (ej.: nombres específicos que raramente se usan para objetos y acciones; uso de pocas palabras descriptivas; "esto", "eso" en lugar de palabras más exactas).

1.2 El uso de palabras de la proveedora no se relaciona con la experiencia real de los niños (ej.: usa el calendario o una canción para enseñar los días de la semana, pero no usa los días de la semana en conversaciones que describen cuándo suceden las cosas; usa palabras relacionadas con el estado del tiempo cuando se confecciona la gráfica del estado del tiempo, pero no cuando los niños experimentan verdaderamente el estado del tiempo).

1.3 La proveedora raramente conversa con los niños acerca de los materiales o exhibiciones del hogar ni acerca de otras experiencias concretas.

3.1 La proveedora usa a veces nombres específicos para personas, lugares, cosas, acciones y palabras descriptivas mientras los niños las experimentan en las rutinas o el juego por medio de la observación.
(ej.: menciona la comida del desayuno; nombra los objetos que los niños usan y las acciones que hacen).*

3.2 El uso de palabras de la proveedora se relaciona con las experiencias reales de los niños (ej.: nombra lo que los niños están viviendo; les cuenta a los niños lo que está sucediendo; se interesa en alguna conversación sobre conceptos y símbolos abstractos con los niños más pequeños y los que están en edad de preescolar).

3.3 La proveedora habla a veces a los niños acerca de materiales del hogar o de otras experiencias concretas (ej.: señala y nombra juguetes cuando los niños los miran; nombra la comida que los niños están comiendo).

5.1 La proveedora usa frecuentemente nombres específicos para personas, lugares, cosas, acciones y palabras descriptivas mientras los niños las viven en las rutinas o el juego durante toda la observación.

5.2 La proveedora usa estrategias adecuadas para la edad para ayudar a los niños a entender las palabras nuevas (ej.: repite palabras para los bebés y niños pequeños, por ejemplo, usa "biberón" varias veces mientras los alimenta; explica el significado de palabras a los niños mayores, como "la niebla es en verdad pequeñas gotitas de agua y es por eso que se siente húmeda"; demuestra con señales o usa palabras en dos idiomas cuando es necesario).*

5.3 Para presentar palabras, la proveedora usa con frecuencia las oportunidades que brindan los materiales, lo que está exhibido, las actividades u otras experiencias.

5.4 La proveedora habla acerca de experiencias pasadas y futuras (ej.: lo que sucedió con otras personas importantes; lo que el niño vive en el hogar; lo que el niño hizo durante el fin de semana).
Observar dos veces

7.1 La proveedora usa generalmente una amplia variedad de palabras adecuadas para la edad y la capacidad de los niños.*

7.2 La proveedora se asegura de que los niños entiendan las nuevas palabras presentadas (ej.: espera con atención la respuesta del bebé, como mirar atentamente o tocar un objeto cuando se usa la palabra; le pide a un niño en edad de caminar que le alcance el objeto que ha mencionado; estimula a los niños que usan lenguaje verbal para que utilicen palabras nuevas en un contexto significativo).

7.3 Se observa evidencia de que la proveedora cambia los juguetes, materiales y exhibe elementos para presentar nuevas palabras e ideas a los niños (ej.: señala fotografías nuevas de los niños; se comentan materiales visuales de la estación).*
Observar una vez

7.4 La proveedora agrega información o ideas a las palabras que los niños usan para ampliar la comprensión de los niños del significado de las palabras.*
Observar una vez

Notas de aclaración

Ítem 11.

Para responder a la comunicación de los niños, la proveedora debe estar con frecuencia lo suficientemente cerca para que los niños puedan comunicarse con facilidad. Especialmente en el caso de los niños que no se mueven, pero incluso para los niños que se mueven, se debe observar la circulación por el espacio para estar cerca y percibir los intentos de comunicación de los niños. La proveedora debe prestar atención a la comunicación de los niños tanto durante las rutinas como durante el juego. Se debe tener en cuenta la comunicación verbal y no verbal de los niños al calificar todos los indicadores, y se debe observar que la proveedora advierta ambas condiciones. Si la proveedora no puede ver bien a los niños como para supervisarlos, también es poco probable que pueda responder a sus intentos de comunicación.

1.1, 3.1, 5.1. Una "respuesta satisfactoria" es cuando atiende exitosamente la necesidad del niño. Por ejemplo, si un niño molesto comunica que tiene hambre o está aburrido, se le debe alimentar o guiar a una actividad más interesante. Si un niño necesita ser tomado en brazos, la proveedora debe hacerlo. Si un niño de edad escolar expresa que está ansioso o preocupado por algo, se le debe tranquilizar.

- Para 3.1, la proveedora debe responder de manera satisfactoria a la mayor parte de los niños que están molestos, pero es posible que individualmente no siempre queden satisfechos al instante.

- Para 5.1, todos los niños que están molestos deben recibir una respuesta satisfactoria con solo pocos retrasos menores, por lo que un niño que no está demasiado molesto esperará unos pocos minutos, siempre que esa espera no le provoque angustia indebida.

En algunas oportunidades, es posible que ninguna respuesta satisfaga al niño, por ejemplo, los bebés con dificultad digestiva o niños mayores ansiosos o son nuevos en el programa o que están enfermos. En este caso, la proveedora debe intentar dar una respuesta satisfactoria, incluso si el niño sigue demostrando malestar.

La proveedora debe tratar de multiplicar los acercamientos para calmar a un niño que atraviesa un momento de angustia y es posible que en algunos casos requiera el uso de una hamaca u otro elemento restrictivo o tenerlo más tiempo en brazos. Al calificar, considere cuánto esfuerzo hace la proveedora para calmar al niño, incluso si no logra satisfacerlo. La proveedora debe tratar diversas estrategias, y se debe considerar al calificar cuánto esfuerzo hizo para calmar al niño, incluso si no lo logra.

1.3, 3.4, 5.2, 5.3. Consulte la información en *Interacciones: Positiva, Neutral y Negativa* en *Explicaciones de los términos usados en la escala*. Ignorar la comunicación de los niños debe considerarse una respuesta negativa.

3.2, 5.3. Para 3.2, la proveedora debe mostrar algún interés en la comunicación de los niños y responder a ellas, pero es posible que individualmente el niño no reciba respuestas positivas. Para que se otorgue crédito a 5.3, todos los niños de los distintos grupos de edades deben recibir respuestas positivas a la comunicación.

5.3 Califique *No* si la proveedora no se encuentra por lo general lo suficientemente cerca como para responder los intentos de comunicación de los niños y alentarlos. La proveedora debe estar por lo general lo suficientemente cerca de los niños como para que se sientan motivados a comunicarse con ella. No otorgue crédito si la proveedora se interesa principalmente con las tareas de rutina que a menudo evitan que esté cerca de los niños que juegan, ya que los niños no tratarán de comunicarse.

5.4 Al calificar, considere la comunicación verbal y la no verbal. Se puede otorgar crédito para las sugerencias cortas o más extensas al decirle al niño las palabras que está tratando de comunicar.

Inadecuado		Mínimo		Bueno		Excelente
1	2	3	4	5	6	7

11. Responder a la comunicación de los niños*

1.1 Por lo general, se ignoran o no se resuelven los problemas con los niños que están molestos (ej.: la proveedora no responde al llanto del niño; no se da cuenta del niño en edad escolar con la cabeza gacha; deja sin resolver los problemas con los niños que están molestos).*

1.2 La proveedora muestra, por lo general, poco interés o poca respuesta a los intentos de comunicación de los niños que no están molestos (ej.: ignora al niño que trata de alcanzar un juguete o señala uno que desea que le alcancen; no menciona el alimento que el niño señala; no responde al niño en edad escolar que pregunta la hora).*

1.3 Se observa frecuente respuesta negativa a la comunicación de los niños (ej.: la proveedora reprende al niño que trata de salir del momento de estar en círculo; toma con rudeza al niño que está tomando el juguete de otro niño; le grita a un niño en edad escolar porque se siente frustrado con su tarea escolar).*

3.1 Se observan una cantidad moderada de respuestas satisfactorias a los niños que están molestos (ej.: la proveedora tranquiliza verbalmente al niño irritado o que llora antes de que se resuelva el problema; observa y responde a varios niños en edad escolar que están muy tristes, pero no aborda una angustia menor).*

3.2 La proveedora muestra algún interés y responde a la comunicación verbal y no verbal de los niños por medio de la observación (ej.: comenta algo del juguete que le muestra el niño; dice "Oh, quieres levantarte" al niño que está de pie en la cuna, comenta cuando los niños en edad escolar le muestran un proyecto).*

3.3 La proveedora brinda un ambiente relajado que estimula a los niños a hablar o a expresarse a través de la observación (ej.: no hay control estricto de los niños; la proveedora está generalmente calmada y positiva).

3.4 La proveedora responde generalmente de manera neutral o positiva a la comunicación de los niños, con solo algunas instancias apenas negativas que no provocan angustia posterior.*

5.1 La proveedora generalmente responde con resultado satisfactorio a los niños que se sienten molestos o que lloran, se observan solo unos pocos retrasos menores.*

5.2 Hay mucha respuesta positiva y ninguna negativa a la comunicación de los niños durante la observación (ej.: la comunicación es positiva incluso en la gestión del problema; los niños se sienten respaldados por la comunicación de la proveedora).*

5.3 La proveedora muestra mucho interés positivo en la comunicación de los niños (ej.: presta mucha atención; da respuesta emocional adecuada a la idea del niño, como sonreír o mostrar emoción o preocupación; toma la acción adecuada).*

5.4 La proveedora dice las palabras que el niño trata de comunicar (ej.: "Oh, tienes hambre, busquemos tu biberón" cuando el bebé llora; "Quieres la muñeca de María. Vamos a buscar una muñeca" cuando el niño en edad de caminar grita; "Te molesta que Jorge se siente cerca de ti, pídele a Jorge que se mueva" cuando un niño en edad preescolar empuja a otro niño en el momento de sentarse en círculo).*
Observar dos veces

7.1 La proveedora generalmente responde a la comunicación sutil de los niños (ej.: se da cuenta cuando un bebé demuestra algo de hambre y entibia el biberón antes de que se ponga molesto; termina una actividad cuando los niños muestran señales de aburrimiento; se da cuenta del niño de edad escolar que luce triste y le pregunta "¿Qué anda mal?").

7.2 La proveedora muestra una atención sensible e individualizada y responde a la comunicación de los niños por medio de la observación (ej.: hace una pausa al alimentar al niño y espera a que esté listo para la próxima cucharada; inicia una actividad de motricidad gruesa para el niño que no puede sentarse quieto; permite que el niño en edad escolar llame a su madre cuando ella se retrasa para ir a buscarlo).

Notas de aclaración

Ítem 12.

1.1, 3.1, 5.1, 7.1. El nivel de conversación y preguntas dependerá de la edad y el nivel de desarrollo de los niños observados. No obstante, se deben entablar conversaciones y preguntas con todos los niños, incluso los bebés pequeños. Al calificar, se deben tener en cuenta las conversaciones por turno de habla verbales y no verbales. La mayoría de las conversaciones y preguntas iniciadas por los bebés serán no verbales, como abrir los ojos grandes o agitar los brazos y las piernas. Observe cómo responde la proveedora a esa comunicación no verbal. En el caso de los bebés, de los niños en edad de caminar y los niños de 2 años, la responsabilidad de iniciar la mayoría de las conversaciones y de hacer preguntas recae en la proveedora. A medida que los niños se vuelven más capaces para iniciar la comunicación, la proveedora debe modificar el enfoque para permitir que ellos asuman un rol más importante al iniciar las conversaciones y hacer preguntas. La proveedora debe dar respuesta a las preguntas hechas a los niños si el niño no puede responder y a medida que ellos se vuelvan más capaces de responder, las preguntas deben empezar a incluir aquellas que el niño *puede* responder. Con los niños mayores, las preguntas deben alentar respuestas más complejas, como "por qué" y "cómo".

5.3, 5.4. Para otorgar crédito, los niños de todos los grupos de edades observados deben hacer y responder preguntas.

5.5, 7.4. Si solo se observan bebés, califique NA.

7.1 "Frecuentemente" significa una práctica habitual que sucede muchas veces durante la observación, con la mayoría o todos los niños, y ningún niño debe ser ignorado por completo.

7.2 Observe que no tiene en cuenta si las preguntas se hacen durante momentos en grupo de transición o cuando no están jugando. Para otorgar crédito, la proveedora debe hacer preguntas adecuadas. Se debe observar que se les hagan preguntas a la mayoría de los niños, pero no es necesario observar que a todos los niños se les hagan muchas preguntas. Es posible que en algunos momentos se hagan menos preguntas, por ejemplo, durante el juego de motricidad gruesa o cuando se ayuda a un niño a que se relaje para la siesta. Pero se deben observar las preguntas de la proveedora en algunos de esos momentos.

7.3 En el caso de los niños más pequeños con capacidad de lenguaje limitada, se puede otorgar crédito cuando se observa que la proveedora hace una pregunta más compleja y la responde por el niño. Por ejemplo, "¿Dónde está tu sonajero? Aquí está. Se cayó al piso".

12. Motivar a los niños a comunicarse

1.1 La proveedora nunca inicia conversaciones por turno de habla con los niños (ej.: raramente anima al babé a balbucear; nunca se observan intercambios de ida y vuelta con niños mayores con lenguaje verbal).*

1.2 Las preguntas de la proveedora generalmente requieren respuestas de memoria o sí y no, son inadecuadas o no formula preguntas (ej.: pregunta a un niño mayor "¿Qué color es este?"; preguntas demasiado difíciles para niños más pequeños).

1.3 La proveedora responde negativamente cuando los niños no pueden responder las preguntas (ej.: "¡Estás equivocado!"; "No escuchas"; "Deberías saberlo").

3.1 La proveedora a veces inicia conversaciones con los niños (ej.: entabla balbuceos con el bebé; tiene interacción de ida y de vuelta con los niños en edad de caminar y los niños mayores).*
Observar tres veces

3.2 La proveedora da a veces suficiente tiempo de respuesta al niño a las preguntas adecuadas a su edad (ej.: le pregunta al bebé si le gusta el juguete y presta atención mientras el bebé sonríe; le pregunta al niño en edad de caminar qué está comiendo y espera a que piense la palabra; le pregunta al niño en edad de preescolar cómo hace una torre y aguarda la explicación; le pregunta al niño de edad escolar cuál es su pasatiempo).

3.3 La proveedora responde de manera neutral o positiva a los niños que no responden las preguntas.

3.4 En ocasiones las preguntas son significativas para los niños (ej.: el niño responde con interés; no ignora las preguntas de la proveedora).

5.1 La proveedora inicia conversaciones interesantes con los niños durante las rutinas y el juego (ej.: muestra entusiasmo; usa un tono que atrae la atención del niño).*

5.2 La proveedora generalmente personaliza las preguntas y las conversaciones con cada niño (ej.: habla sobre la familia de los niños, preferencias, intereses; con qué juegan; qué hicieron el fin de semana; el ánimo del niño).

5.3 La proveedora presta atención a las preguntas de los niños, verbales o no verbales y les responde de manera satisfactoria.*

5.4 La proveedora hace preguntas que los niños tienen interés en responder (ej.: pregunta de manera divertida o misteriosa; usa un tono atractivo; las preguntas son significativas y no son difíciles de responder).*

5.5 La proveedora ayuda a los niños a comunicarse entre sí (ej.: les pide que usen "sus propias palabras" si pelean por un juguete y hace un adecuado seguimiento; le recuerda al niño que pida permiso cuando trata de pasar a otro niño; comienza un tema de conversación y ayuda a que todos los niños participen).*
Observar dos veces
NA para los bebés

7.1 Con frecuencia, la proveedora tiene conversaciones interesantes con los niños durante toda la observación.*

7.2 Se hacen muchas preguntas adecuadas durante la observación, tanto en el juego como en las rutinas.*

7.3 La proveedora hace preguntas a los niños que estimulan repuestas más complejas (ej.: a los niños pequeños se les hace preguntas con "qué" o "dónde"; a los niños más grandes se les pregunta "por qué" o "cómo").*

7.4 Las conversaciones entre la proveedora y el niño van más allá de los materiales y actividades en curso (ej.: incluye conversación social acerca del hogar y la vida familiar; actividades de la comunidad; sentimientos; temas escolares para los niños en edad escolar).*
NA para los bebés

Notas de aclaración

Ítem 13.

"Usar" un libro no significa que se lea en voz alta, aunque la proveedora debe contar lo que se ve en las imágenes o el contenido general.

"Leer" un libro significa que se lee el texto de todo el libro, a menos que los niños pierdan el interés antes de llegar al final.

1.2, 3.2, 5.3. "Momento para usar libro" se refiere a cualquier momento en que se usa o se lee un libro con los niños, de manera formal o informal, con el grupo entero, con un grupo pequeño o individualmente. Al calificar este ítem, considere todos los libros que observó y base la calificación al alcance eficaz del momento para usar un libro con los niños. Un momento más extenso o más desagradable para usar el libro con más niños tiene más peso al determinar la calificación.

3.3. Para calificar *Sí*, no es necesario que los niños vean el libro de arriba abajo o de lado a lado. Deben tener una visión clara del contenido, con la orientación correcta.

5.1 Califique *Sí* si se observa a los niños en edad escolar leyendo en voz alta libros al personal.

5.3 Los niños deben sentirse libres de abandonar el momento de usar un libro cuando no tengan interés, y no debe haber ningún mensaje negativo de la proveedora si lo hacen. Para calificar *Sí*, se debe observar a los niños interesados en el momento de usar un libro. Deben tener la opción de otras actividades que les permitan interesarse en experiencias más productivas.

7.3 Califique *NA* si todos los niños observados son bebés.

Inadecuado		Mínimo		Bueno		Excelente
1	2	3	4	5	6	7

13. Uso de los libros con los niños*

1.1 La proveedora no usa ningún libro con los niños durante la observación.

1.2 El momento para usar un libro, no es placentero (ej.: se fuerza a los niños a que escuchen; atmósfera de castigo; los niños no pueden ver el libro; se usa un libro que asusta a los niños; las reacciones de los niños se consideran interrupciones).*

1.3 El momento de usar libros no resulta interesante para la mayoría de los niños (ej.: la lectura de la proveedora es aburrida, no reviste interés o entusiasmo).

3.1 La proveedora usa un libro con uno o más niños al menos una vez durante la observación (ej.: lee en voz alta; señala imágenes).

3.2 El momento de usar libros es placentero y la mayoría de los niños parecen estar interesados (ej.: pocas o ninguna interacción negativa; los libros usados generalmente coinciden con la capacidad evolutiva de los niños; no se observa conducta extremadamente negativa de la proveedora).*

3.3 Por lo general, los niños pueden ver el contenido del libro de manera fácil y cómoda.*

3.4 La proveedora muestra algún interés y disfrute por el libro (ej.: risas o sonrisas en el momento adecuado de la historia; muestra entusiasmo al hablar sobre las imágenes).

5.1 La proveedora *lee en voz alta* y hace comentarios a los niños sobre el relato y las imágenes.*
Observar una vez

5.2 Se usan libros de manera informal con los niños interesados, con un niño o con un grupo muy pequeño.
Observar una vez

5.3 La proveedora hace que sea atractivo para los niños el momento de usar libros, incluso les permite irse si no están interesados (ej.: lee con vivacidad; usa sonidos de animales cuando señala animales; muestra respuesta positiva al interés de los niños cuando hablan sobre el libro; lee libros por capítulos con los niños en edad escolar).*

5.4 La proveedora muestra mucho interés y disfrute al usar los libros con los niños.

7.1 Se usan libros informalmente con los niños al menos en dos momentos distintos de la observación.
Observar en dos niños distintos

7.2 La proveedora estimula a los niños a que se interesen activamente en el uso de libros (ej.: ayuda al bebé a tocar una imagen; ayuda a los niños en edad de caminar a dar vuelta las páginas; estimula a los niños en edad preescolar a hacer preguntas; estimula a los niños mayores a comentar el contenido).

7.3 La proveedora sigue a veces con los dedos las palabras impresas mientras lee.*
Observar una vez
NA para los bebés

7.4 La proveedora amplía las ideas de los libros (ej.: señala las imágenes y agrega información; relaciona lo que dice el libro con experiencias de los niños; estimula a los niños en edad escolar a que usen internet para conseguir información del libro que leen).
Observar una vez

Notas de aclaración

Item 14.

1.1, 3.1, 5.1, 7.1. Consulte la información sobre "accesible" en la Explicación de términos usada en toda la escala.

1.2, 3.1, 5.1. Los libros adecuados deben: estar en buenas condiciones, tener páginas que los niños puedan pasar fácilmente, tener muchas imágenes claras y no solamente texto, coincidir con la capacidad de desarrollo de los niños respecto de la extensión y la cantidad de palabras impresas, no mostrar nada violento ni que asuste, no dar un mensaje social negativo —como usar la agresión para resolver los problemas con los demás— y no mostrar prejuicios. No necesita inspeccionar todo los libros para determinar el contenido: una inspección rápida de las portadas y los títulos debe brindar la evidencia necesaria para calificar, a menos que usted tenga alguna preocupación especial sobre un libro en particular. Mire los libros que están al alcance en los estantes, en los muebles a los que los niños puedan acceder o en el piso.

3.4. Consulte la información sobre *Interacciones: Positiva, Neutral y Negativa* en Explicaciones de los términos usados en la escala.

3.3, 5.3, 7.2. Para 3.3, califique *NA* si ningún niño elige usar un libro que se encuentra accesible o si todos los niños del grupo no pueden sentarse sin apoyo. Para 5.3 y 7.2, si los libros están completamente accesibles, pero ningún niño elige usar uno de manera independiente durante la observación, califique *No* (a menos que todos los niños del grupo no puedan sentarse sin apoyo, en cuyo caso califique *NA*).

5.1 Este indicador requiere que haya suficientes libros para que la mayoría de los grupos de niños tengan aproximadamente 20 opciones distintas, pero también podría ser aceptable que hubiera pocos libros en grupos muy pequeños de niños o en grupos en los que solo están registrados bebés que no se mueven. En el caso de los niños mayores, se requieren más libros que con los bebés. No es necesario que se cuenten los libros. En general mire los libros claramente accesibles para juzgar si son suficientes para cumplir el requisito.

5.1, 7.1 Se pueden tener en cuenta los libros electrónicos (*e-books*) si están accesibles y si los niños pueden usarlos de manera independiente. Los libros electrónicos no deben contener animación o sonido activados. Deben usarse como se usaría un libro común: que el niño solo lo observe o que se lea el libro a ese niño. Los libros electrónicos abarcan teléfonos inteligentes o tabletas, pero solo cuando se usan como libro. Un dispositivo electrónico cuenta como un único libro, incluso cuando es posible que contenga más libros archivados. Una carpeta con fotografías dentro de un libro electrónico que los niños puedan usar de manera independiente se puede considerar libro para el indicador 7.1.

14. Motivar a los niños a usar los libros

1.1 Los libros no están claramente accesibles para ningún niño durante la observación (ej.: se guardan demasiado alto para que los tomen los niños; no hay libros en el hogar).*

1.2 La mayoría de los libros accesibles son inadecuados para niños.*

1.3 La proveedora por lo general les pide a los niños que usen libros cuando no demuestran interés o como forma de castigo (ej.: usa libros como una actividad no programada cuando el niño no se sienta en silencio o no se calma; los libros se usan como actividad de transición cuando la mayoría de los niños no demuestra interés).

Observar dos veces para calificar Sí

3.1 Más de 10 libros adecuados y accesibles a los niños durante la observación, con al menos 3 por cada grupo de edades observado.*

3.2 Los libros accesibles incluyen información real y de ficción.*

3.3 La proveedora muestra algún interés positivo y ninguno negativo cuando los niños usan los libros de manera independiente (ej.: se queda un momento mirando el libro con el niño; hace comentarios positivos del niño que elige usar un libro).*
NA permitido

5.1 Más de 20 libros adecuados y accesibles a los niños, con al menos 6 para cada grupo de edades observado (ej.: la proveedora a veces muestra un libro a un bebé que no se mueve; los niños mayores tienen acceso durante la mayor parte de la observación.*

5.2 La mayoría de los libros de 5.1 son fácilmente accesibles para los niños (ej.: los libros no están amontonados o apilados; son fáciles de alcanzar y usar; hay algunos en el piso dentro del alcance de los bebés que no se mueven).

5.3 La proveedora frecuentemente presta atención al niño que usa un libro de manera independiente (ej.: hace comentarios breves sobre el libro; escucha mientras los niños mayores leen en voz alta).*
NA permitido para bebés

5.4 Los libros están ubicados juntos en uno o más lugares para el uso cómodo y conveniente de los niños (ej.: canasta de libros para bebés y niños pequeños sobre una alfombra, lejos del juego activo; los libros para los niños mayores están fuera del alcance de los niños más pequeños y cerca de las superficies acolchonadas).

7.1 Los libros requeridos en 5.1 están accesibles a lo largo de la observación.*

7.2 La proveedora mantiene interacción muy positiva cuando un niño usa un libro de manera independiente (ej.: lee un libro al niño que quiere que le lean; responde las preguntas del niño sobre el libro; mira y comenta las imágenes del libro).*
Observar una vez
NA permitido para bebés

7.3 Se rotan algunos libros accesibles (ej.: se incluyen libros sobre las estaciones o los intereses actuales; se presentan algunos libros nuevos; libros de la biblioteca accesibles).

___

Ítem 15

1.1, 3.1, 5.1, 7.1. Los materiales para motricidad fina son adecuados y seguros, retadores pero sin frustrar y es posible que incluyan artículos del hogar. No se tiene en cuenta en este ítem que los materiales de arte cumplan con los requisitos. Los juguetes que hacen ruido al usarse cumplen con los requisitos de este ítem y también deben tenerse en cuenta en el ítem de Música. Consulte la información sobre "accesible" en la Explicación de los términos usados en la escala. Al contar la cantidad de juguetes accesibles, no cuente los que están duplicados. Es posible que algún material sea adecuado para más de un grupo de edades. Por ejemplo:

- **Bebés:** sonajeros, juguetes de agarre, cajas de actividades, cubos apilables, recipientes para llenar y vaciar, juguetes texturizados, gimnasio colgante, artículos del hogar como: tazas medidoras, recipientes con tapas.

- **Niños en edad de caminar:** juegos para clasificar figuras, juegos para ensartar cuentas grandes, clavijas grandes con sus tableros, rompecabezas sencillos, cuentas interconectables, aros para apilar, juguetes apilables, bloques interconectables medianos o grandes.

- **Niños en edad preescolar:** juguetes interconectables para construir con piezas de cualquier tamaño; materiales manipulables (ej.: cuentas para ensartar; tarjetas con cintas para enhebrar, clavijas con sus tableros, juegos de engranajes y movimiento, bloques pequeños de mesa); rompecabezas sencillos.

- **Niños en edad escolar:** material avanzado adecuado de todos los tipos indicados anteriormente para niños de kindergarten y en edad preescolar más: materiales manipulables como juegos de construcción tipo *Erector* y otros de bloques interconectables (ej.: castillo, nave espacial, *tinkertoy, Lincoln Logs*); materiales manipulables como: palillos chinos, *jacks* o yaquis, canicas, juegos para computadora; rompecabezas complejos (con muchas piezas o con piezas pequeñas).

3.2 Para otorgar crédito, los niños no deben depender de la proveedora para que les dé los juguetes que están almacenamientos fuera del alcance. El "acceso independiente" requiere que los niños alcancen y usen los juguetes por su cuenta.

5.1 "Muchos y variados" para bebés y niños pequeños significa al menos 10 materiales adecuados distintos. En el caso de los niños en edad preescolar y escolar, "muchos y variado" significa al menos 10 materiales adecuados distintos, con al menos uno de cada uno de los tipos subrayados en el listado anterior.

7.3. Los conceptos relevantes abarcan: juntar o comparar colores; familiarizarse con letras, sonidos, números, conteo y cantidad; comparar tamaños; familiarizarse con las figuras; entender direcciones y posición; tener conciencia social y propia; comparar y categorizar texturas y materiales y tiempo y secuencias.

Inadecuado		Mínimo		Bueno		Excelente
1	2	3	4	5	6	7

ACTIVIDADES

15. Motricidad fina*

1.1 Los niños no tienen acceso a materiales para motricidad fina durante la observación.*

1.2 Los materiales están generalmente en mal estado (ej.: los conjuntos de materiales no se guardan juntos; faltan piezas en los rompecabezas; los juguetes no se pueden usar para su propósito original).

1.3 La proveedora no muestra interés cuando los niños usan materiales de motricidad fina (ej.: no mira al niño cuando junta los bloques; no habla sobre los juguetes o sobre lo que el niño hace con ellos; no le pregunta qué está haciendo).

3.1 Se observan por lo menos 5 opciones diferentes de materiales para motricidad fina completos, funcionales y apropiados para cada grupo de edades.*

3.2 Los materiales están bien organizados para acceder a ellos independientemente (ej.: los juguetes similares están juntos; los conjuntos de juguetes se guardan en recipientes separados; los juguetes se recogen, se clasifican y se renuevan según sea necesario; los juguetes se guardan cerca de donde se usan).*

3.3 La proveedora muestra cierto interés positivo cuando los niños usan materiales para motricidad fina, y no se observa ninguna interacción negativa extrema (ej.: encauza al niño cuando quiere usar un juguete que está usando otro; le habla al bebé sobre el sonido de un sonajero; le nombra al niño los colores de las clavijas).

5.1 Cada grupo de edades observado tiene acceso a numerosas y variadas opciones de materiales para motricidad fina completos, funcionales y apropiados.*

5.2 La proveedora habla frecuentemente con los niños sobre su juego con los materiales.

5.3 La proveedora ayuda a los niños a aprender a usar los materiales (ej.:, ayuda al niño a encajar las piezas de un rompecabezas; demuestra cómo hacer un puente con bloques encastrables; le muestra al niño cómo hacer un patrón con cuentas para enhebrar).
Observar dos veces

7.1 Los materiales del indicador 5.1 están accesibles durante toda la observación.*

7.2 El espacio que se usa para jugar con los materiales para motricidad fina permite el juego satisfactorio para todos los grupos de edades (ej.: los materiales para los niños en edad preescolar o en edad escolar no están al alcance de los más pequeños; se pueden usar materiales diferentes al mismo tiempo sin interferencia; los materiales están puestos al alcance de los niños que no se desplazan).*

7.3 La proveedora usa comentarios o preguntas para ayudar a los niños a comprender conceptos tales como emparejar, ordenar, medida o cantidad (ej.:, compara un sonajero más grande y uno más pequeño; cuenta los cubos que un niño usó en una torre y habla sobre su altura; observa y le pregunta al niño qué hace que los engranajes se muevan).*
Observar una vez

Notas de aclaración

Ítem 16.

Marque este ítem *NA* si todos los niños del grupo tienen menos de 18 meses. Sin embargo, si se usan actividades de arte con niños menores de 18 meses, califique todos los indicadores, pero califique *NA* en los indicadores 5.1, 7.1 y 7.4. Si no se observa el uso de materiales de arte en niños de 18 meses y mayores, califique *Sí* el indicador 1.1 y *No* los demás indicadores. Sin embargo, los indicadores 3.5, 5.4 y 7.4 se podrían calificar si se halla evidencia en el material visual.

1.1, 3.1, 5.1, 7.1. Consulte la información sobre "accesible" en Explicación de los términos usados en la escala. Para determinar si los materiales de arte son apropiados, considere la edad y las características de los niños. Por ejemplo, las pinturas o la brillantina, que normalmente los niños en edad preescolar o los más grandes saben controlar, pueden no ser apropiadas para los niños más pequeños, porque tienen menos control de la motricidad fina. Con los niños en edad de caminar y los de 2 años solo se deben usar los materiales más sencillos. Se deben agregar otros materiales a medida que los niños consigan las destrezas y la habilidad para usarlos apropiadamente. Se deben ofrecer materiales de arte a los niños de 18 meses y los más grandes, pero si un niño solo se lleva el material a la boca y no muestra ningún interés en usarlo artísticamente, se le debe reorientar hacia una actividad más apropiada.

Para otorgar crédito como material de arte, se necesario proporcionar lo que sea necesario para que este material sea utilizable. Por ejemplo, los materiales de dibujo o las pinturas accesibles se deben proporcionar con algo que permita usarlos, como papel; los materiales de collage se deben proporcionar junto con papel y pegamento. Los materiales de arte como crayones, tiza o plastilina pueden traer la advertencia de "no recomendado para niños menores de 3 años". A menos que esos materiales estén rotulados como "Tóxicos", pueden ser usados con niños más pequeños, pero solo bajo la más estricta supervisión (la proveedora está al alcance del niño y lo observa atentamente). Los materiales no deben ser de libre acceso para niños. Se deben usar materiales que tengan menos probabilidad de causar problemas de seguridad, como crayones más gruesos en lugar de los delgados y no se debe permitir el acceso a las tapas de los marcadores.

Ningún material tóxico se debe contar como material de arte y, si se usa, considéralo en el ítem Seguridad.

Los materiales comestibles (como budín de chocolate, pasta seca, palomitas de maíz, etcétera) no se pueden contar como materiales de arte porque dan un mensaje confuso acerca del uso adecuado de los alimentos. En los ítems 7, 8 y 26, se deben considerar las posibles consecuencias en la salud (problemas sanitarios), en la seguridad (por ejemplo, peligro de asfixia) y en la supervisión por el uso de alimentos en el arte.

3.5, 5.4. "Expresión individual" significa que cada niño puede elegir el tema o el medio artístico y llevar a cabo el trabajo a su manera. Se considera "expresión individual" una cantidad de pinturas, cada una de las cuales es diferente porque no se les ha pedido a los niños que copien un modelo. Se puede encontrar evidencia en el trabajo artístico observado mientras se realiza o en el trabajo artístico exhibido.

7.1. Los tipos de materiales de arte incluyen: materiales de dibujo como crayones, marcadores no tóxicos, lápices; pinturas como témpera, acuarela o pintura para dedos; materiales tridimensionales como plastilina, arcilla, encolado de madera o carpintería; materiales para collage como hilo, cintas, retazos de tela, pedazos de papel; herramientas como tijeras de seguridad, pinceles, pegamento y barras de pegamento, engrapadoras, perforadoras, dispensadores de cinta adhesiva, sellos con almohadillas de tinta.

7.4. Busque evidencia en los trabajos artísticos que se están haciendo durante la observación o en la muestra de los trabajos de arte de los niños.

Inadecuado		Mínimo		Bueno		Excelente
1	2	3	4	5	6	7

16. Arte*

1.1 No se proporciona material de arte apropiado para el uso de niños de 18 meses y más grandes durante la observación.*

1.2 Poca o ninguna supervisión de la proveedora mientras los niños usan los materiales de arte (ej.: no impide el mal uso de los materiales; no presta atención a los niños que usan los materiales; los niños usan los materiales cuando están en otra habitación y no son supervisados).

3.1 Al menos un material de arte apropiado está accesible para los niños de 18 meses y más grandes durante la observación.*

3.2 A los niños no se les exige que participen; tienen acceso a actividades alternativas.

3.3 Cierta supervisión de los niños que usan materiales de arte para detener problemas (ej.: corrige el mal uso de los materiales; resuelve peleas por los crayones).

3.4 La proveedora a veces habla sobre el trabajo artístico que está haciendo el niño (ej.: nombra colores; rotula los materiales que el niño usa; pregunta qué están dibujando; elogia los trabajos).
Observar una vez

3.5 Se observa alguna expresión individual con materiales de arte (ej.: se permite que los niños decoren formas previamente cortadas a su manera; además, en los proyectos dirigidos por la proveedora, se permite algún trabajo individualizado).*

5.1 Al menos 3 materiales de arte apropiados están accesibles para los niños en edad preescolar y los más grandes durante la observación (ej.: crayones, marcadores o lápices con papel, plastilina; acuarelas).*
NA permitido

5.2 La proveedora facilita el uso adecuado de los materiales (ej.: pega con cinta los papeles para garabatear; usa un equipo adaptable cuando es necesario; anima a los niños a pintar en el papel y no en los muebles ni las paredes).

5.3 La proveedora habla con los niños mientras hacen trabajos artísticos (ej.: hace preguntas; comenta sobre lo que están creando; enseña algunas cosas).
Observar a 2 niños diferentes

5.4 Mucha expresión individual en la mayoría del trabajo artístico observado mientras se realiza o en la muestra (ej.: expectativas basadas en las capacidades de los niños; los niños realizan el trabajo a su modo).*

7.1 Al menos 5 diferentes tipos de materiales de arte, que representan al menos dos tipos, están accesibles para los niños en edad preescolar y los más grandes tienen acceso a por lo menos durante la observación.*
NA permitido

7.2 Los niños pueden usar materiales sin interferencias de los demás (ej.: los materiales de arte se pueden usar en un espacio al que no pueden acceder los niños más pequeños, como un área cerrada o una mesa alta; el niño que trabaja está protegido de la intromisión de otro niño que quiere hacer eso mismo).

7.3 La proveedora mantiene largas conversaciones con los niños que usan los materiales de arte (ej.: les pide que hablen sobre lo que hicieron y responde con interés; señala aspectos que ven en los trabajos artísticos).
Observar a 2 niños diferentes

7.4 La proveedora escribe leyendas sobre el trabajo artístico, dictadas por los niños de 24 meses y más grandes que están interesados (ej.: "Dijiste que dibujaste un arcoíris. Mira, escribí la palabra arcoíris.").*
NA permitido

Notas de aclaración

___

Item 17.

3.1, 5.1, 7.1. Consulte la información sobre "accesible" en Explicación de los términos usados en la escala. Los "materiales para música" son cualquier cosa que los niños puedan usar para crear o escuchar ritmos, tonos u otros tipos de música, e incluyen instrumentos, juguetes que hacen ruido o reproductores de música grabada. Algunos materiales pueden ser aptos para varios grupos de edades. Los materiales pueden ser producidos de manera artesanal o comercial. Se puede tener en cuenta la música que se oye en la radio o en otro aparato electrónico si es apropiada para los niños y no está acompañada por imágenes en movimiento, lo que se consideraría tiempo de pantalla (Consulte el ítem 22: Uso adecuado del tiempo de pantalla). Si la música grabada es interpretada por la proveedora o a un niño, cuenta como material que es accesible para los niños. Los ejemplos incluyen:

- **Bebé:** juguetes que hacen diferentes ruidos, como sonajeros, juguetes para apretar, cajas de actividades, juguetes de los que se tira para hacer ruido, juguetes resistentes que tocan música y que son fáciles de manejar, como maracas, cascabeles, piano para bebés.

- **Niño en edad de caminar:** juguetes que hacen ruido como los indicados arriba para los bebés, más instrumentos musicales resistentes de juguete, tambores con palitos, xilófono con mazas, piano de juguete, variedad de cascabeles resistentes.

- **Niño en edad preescolar-Kinder:** instrumentos rítmicos, bongó y otros tambores con palitos, xilófono con mazas, reproductores de música grabada de los niños, conjunto de cascabeles que toquen tonos relacionados, piano realista de juguete, algunos instrumentos verdaderos resistentes que los niños puedan usar apropiadamente (como tambor, piano, xilófono, grabadora, armónica, mirlitón), aparatos electrónicos si se observa que un niño los utiliza para tocar música.

- **Niño en edad escolar:** materiales apropiadamente estimulantes de los tipos indicados arriba para Niño en edad preescolar-Kinder; instrumentos reales cuando sea apropiado que los niños los usen (guitarra, piano, grabadora, armónica), teléfonos u otros aparatos electrónicos si se observa que un niño los usa para tocar música.

Si los niños comparten instrumentos que se tocan soplando y estos no se limpian ni se desinfectan entre usuarios, considérelo en el Ítem 7: Prácticas de salud.

3.2. Para calificar *Sí*, no se debe observar que la proveedora les lee a los niños ni canta con ellos, mientras se reproduce música no relacionada; la música no debe sonar tan fuerte como para que se oiga en todo el salón ni viniendo de otro salón. No debe requerir que las personas tengan que levantar la voz para ser escuchadas ni interrumpir actividades tranquilas.

3.3. El *canto formal* se produce cuando una proveedora guía a un grupo para que cante, y se espera que los niños participen. El *canto informal* incluye canto espontáneo durante el juego libre, rutinas o transiciones, cuando no se exige que los niños participen. No se exige que se desarrolle canto informal con niños en edad escolar más grandes.

3.3, 5.3. Una actividad musical guiada por la proveedora es aquella que esta inicia, con la expectativa de que alguno de los niños, pero no necesariamente todos, participen. El simple hecho de poner música mientras no hay al menos un niño involucrado activamente no se considera como una actividad musical guiada por la proveedora.

5.1. No se puede otorgar crédito si todos los materiales musicales son del mismo tipo, como 10 sonajeros, 10 conjuntos de palitos o 10 cascabeles para la muñeca.

5.3. Califique *NA* si no observa ninguna actividad musical guiada por la proveedora. Si los niños se ven obligados a participar, pero se involucran con interés y no se observan problemas, entonces se puede otorgar crédito por este indicador. Califique *No* si cualquier niño sigue demostrando falta de interés y no se le permite hacer algo más interesante.

Inadecuado		Mínimo		Bueno		Excelente
1	2	3	4	5	6	7

17. Música y movimiento*

1.1 No se observan experiencias de música o movimiento para los niños.

1.2 Se oye música fuerte durante la mayor parte del día, lo que interfiere con las actividades en curso (ej.: suena música durante actividades tranquilas; la música eleva el nivel de ruido cuando ya hay ruido por otras actividades; los niños deben levantar la voz por encima de la música para poder escucharlos; los niños en edad escolar escuchan constantemente con auriculares y no interactúan con los demás).

3.1 Por lo menos 3 tipos apropiados de material para música, juguetes o instrumentos están accesibles para cada grupo de edades durante la observación (ej.: sonajeros y otros juguetes que hacen sonidos; instrumentos sencillos; reproductores de CD o computadora con música grabada).*

3.2 La música de fondo fuerte no interfiere con ninguna otra actividad, o no se utiliza.*

3.3 La proveedora canta o corea de manera informal con un niño o varios.*
Observar una vez
NA para niños en edad escolar más grandes

3.4 La proveedora inicia por lo menos una actividad musical o de movimiento además de cantar informalmente (ej.: canta canciones con los niños; pone música suave durante la siesta; reproduce música para bailar).

3.5 Las actividades musicales guiadas por la proveedora son placenteras y, generalmente, los niños parecen estar interesados.*
NA permitido si no se observan actividades musicales guiadas por la proveedora

5.1 Por lo menos hay 10 materiales accesibles para música apropiados, con más de 1 para cada grupo de edades observado.*

5.2 La proveedora anima a los niños a cantar o bailar juntos, a aplaudir o moverse con las palabras (ej.: baila al son de la música mientras sostiene a un bebé; aplaude siguiendo el ritmo con los niños en edad de caminar; participa en bailes con los niños).
Observar una vez

5.3 Los niños no están obligados a participar en actividades musicales guiadas por la proveedora y tienen acceso a actividades alternativas interesantes.*
NA permitido si no se observan actividades musicales guiadas por la proveedora

7.1 Los materiales para música del indicador 5.1 están accesibles durante la observación.*

7.2 Se observa que se usan con los niños por lo menos dos tipos de música (ej.: clásica y popular; música característica de diferentes culturas; se canta en idiomas diferentes).

7.3 La proveedora habla sobre las características de la música (ej.: señala las palabras que riman en una canción; tiempos rápidos o lentos; tonos altos y bajos; juega con los dedos para conectar los movimientos con la letra de la canción).

7.4 Se observa creatividad con las actividades musicales (ej.: los niños crean una letra nueva para las canciones; movimientos individuales de baile).
NA para bebés

Notas de aclaración
_____

Ítem 18.

Califique este ítem *NA* si todos los niños observados son bebés que no se desplazan o niños en edad escolar más grandes. No considere a los niños de estas edades, incluso si están presentes durante la observación.

1.1, 3.1, 5.1, 7.1. Consulte la información sobre "accesible" en Explicación de los términos usados en la escala. Generalmente, los *bloques* tienen bordes suaves que, en la mayoría, miden alrededor de dos pulgadas. Los bloques alfabéticos pueden contarse como bloques, aun cuando puedan ser ligeramente más pequeños que los del tamaño requerido y sus lados no sean completamente suaves. Sin embargo, deben ser apilables. Los cubos de una pulgada, los bloques de "mesa" de la unidad más pequeña y los bloques encastrables de cualquier tamaño se consideran en el ítem de Motricidad fina, y no aquí. Algunos ejemplos de bloques apropiados incluyen:

• **Bebés que se desplazan o Niños en edad de caminar:** bloques cubiertos de vinilo o tela suave; bloques sensoriales como los que hacen ruidos, y cualquier bloque liviano de la lista de preescolar o kindergarten.

• **Niños en edad preescolar o kindergarten o en edad escolar más pequeños:** *bloques unitarios* (de madera, plástico o espuma de polietileno, incluidas las figuras tales como rectángulo, cuadrado, triángulo y cilindro); *bloques huecos grandes* (de madera, plástico o de cartón); *bloques caseros resistentes* (materiales como cajas de alimentos y recipientes de plástico). Los bloques sensoriales no se consideran apropiados para el juego con bloques en preescolar o kindergarten.

1.1. Si ningún niño juega con bloques y la proveedora no estimula el juego de ninguna manera, entonces califique Sí.

3.1, 5.1. Determinar "algunos" y "muchos" bloques depende de la edad y de las habilidades de desarrollo de los niños observados. Los bebés solo necesitarán alrededor de tres bloques para "algunos" y unos ocho para "muchos". Los niños en edad de caminar empiezan a apilar y a alinear los bloques, o los ponen en recipientes, entonces necesitan más que los que necesitan los bebés. Los niños de 2 años hacen torres y construcciones simples, así que necesitan más. El juego con bloques de los niños en edad preescolar y los niños en edad escolar más pequeños requiere suficiente cantidad como para construir estructuras grandes y complejas que ocupan mucho espacio, así que necesitan muchos más bloques que los niños más pequeños.

3.2, 5.1. Consulte la información sobre "accesible" en Explicación de los términos usados en la escala. Los accesorios incluyen juguetes de tamaño apropiado que se pueden usar para ampliar el juego con bloques, como vehículos pequeños, personas y animales. Los accesorios se deben ubicar junto con los bloques para que los niños sepan que se tienen que usar con ellos. Pueden ser apropiados para más de un grupo de edades. A los recipientes para llenar y volcar se les puede otorgar crédito como accesorios para niños en edad de caminar si se observa que los usan de esta manera.

3.3. Cualquier espacio libre en el piso, sobre una mesa, etc., cumple con este requisito.

5.1, 5.2, 7.1. No se requiere que los accesorios sean usados con los bloques para los niños menores de 2 años.

5.3, 7.3. La cantidad de espacio necesario dependerá de la edad de los niños, sus habilidades de desarrollo y el tamaño de los bloques que se estén usando. Los bebés necesitan muy poco espacio. Los niños en edad de caminar y los niños en edad preescolar más pequeños generalmente necesitan poco espacio, pero pueden necesitar más si están usando bloques huecos livianos grandes. Los niños en edad preescolar y en edad escolar necesitan mucho espacio, aún más cuando usan bloques con huecos grandes. Cuando determine si hay espacio suficiente, tenga en cuenta lo que suelen construir los niños, el espacio que necesitan para desplazarse y el espacio necesario para la proveedora.

7.4. La "charla sobre matemáticas" es hablar sobre operaciones matemáticas a medida que los niños experimentan con objetos reales. Puede incluir, por ejemplo, nombrar y comparar formas o precios, señalar atributos de figuras o números o comentar sobre cantidades, contar o medir.

18. Bloques*

1.1 No hay bloques accesibles durante la observación.*

1.2 La proveedora no muestra interés en el juego con bloques por parte de los niños (ej.: no anima a los niños a que usen los bloques; no presta atención cuando los niños usan bloques).*

3.1 Hay algunos bloques apropiados para cada grupo de edades accesibles durante la observación.*

3.2 Por lo menos 5 accesorios están accesibles para su uso con los bloques.
NA para niños menores de 24 meses

3.3 Se usa algo de espacio libre para el juego con bloques.*

3.4 La proveedora muestra cierto interés en el juego con bloques de los niños (ayuda a un niño a construir una torre; le pregunta a un niño qué está construyendo; ayuda a resolver peleas sobre los materiales con bloques).

5.1 Muchos bloques y por lo menos 10 accesorios para cada grupo de edades están accesibles.*

5.2 Los bloques y los accesorios se almacenan juntos y se clasifican por tipo.*

5.3 Se usa algo de espacio libre para el juego con bloques, por donde no se transita, con una superficie resistente.*

5.4 La proveedora habla con los niños interesados sobre su juego con bloques o participa en el juego.
Observar en 2 instancias diferentes

7.1 Los bloques y accesorios que se requieren en 5.1 están accesibles durante la observación.*

7.2 Los juguetes de transporte, las personas y los animales están accesibles junto con los bloques.
NA permitido para niños menores de 24 meses

7.3 El centro especial de interés para bloques está reservado para niños de 2 años y más, con espacio y almacenamiento amplios y una superficie de construcción adecuada.*
NA permitido para niños menores de 24 meses

7.4 La proveedora utiliza una "charla sobre matemáticas" que genera interés en los niños sobre los bloques que usan (ej.: nombra las figuras; cuenta cuántos bloques se usaron; señala que dos bloques unitarios cuadrados más pequeños son igual de grandes que un bloque rectangular; muestra a los niños cómo emparejar los bloques con etiquetas de almacenamiento).*
Observar una vez

Los materiales indicados a continuación para un grupo de edades pueden o no pueden ser apropiados para otros grupos de edades. Por ejemplo, los muñecos bebé son apropiados para niños de todos los grupos de edades. Entre los ejemplos de accesorios para los diferentes grupos de edades encontramos:

- **Bebés:** muñecos, animales de peluche, ollas y sartenes, teléfonos de juguete

- **Niños en edad de caminar:** disfraces sencillos como sombreros o carteras, muebles para el hogar de tamaño infantil, accesorios para cocinar o comer, muñecos bebé y muebles para muñecos, animales de peluche

- **Niños en edad preescolar o niños de kindergarten:** además de los materiales indicados arriba para los niños más pequeños, disfraces que representen papeles masculinos y femeninos tradicionales; muebles para el hogar más complejos, como una gran variedad de utensilios para cocinar y comer; más tipos de alimentos; diferentes muebles para el hogar. No son un requisito los accesorios para representar temas de trabajo, de tiempo libre o fantasía, pero se pueden agregar a las cantidades de accesorios.

- **Niños en edad escolar:** materiales para preescolar o kindergarten; materiales teatrales como maquillaje, pelucas, trajes, otros accesorios usados en el teatro; figuras y demás accesorios con bloques encastrables para construcciones fantasiosas (por ejemplo, barco pirata, castillo); muñecos de moda que representan figuras adultas; figuras de acción.

Algunos juguetes más pequeños son especialmente populares entre los niños en edad escolar, como los muñecos de moda que representan a adultos o los juguetes de superhéroes. Estos tipos de juguetes pueden contarse en lugar de los accesorios de tamaño infantil que se usan al representar papeles cuando los niños en edad escolar usan los accesorios durante la observación.

5.1. Los accesorios "muchos y variados" dependen de la edad de los niños observados. Los niños más pequeños necesitan menos accesorios y menos variedad que los niños más grandes. "Muchos" requiere que los niños puedan jugar sin competencia indebida y que tengan riqueza de opciones. Para los niños en edad preescolar y los niños mayores, los materiales deben ser lo bastante abundantes para estimular amplias posibilidades para la complejidad del juego. Los disfraces que representan papeles masculinos y femeninos (por lo menos dos de cada uno) deben ser accesibles para los niños en edad preescolar y los niños más grandes. Accesorios "variados" significa que hay muchas opciones diferentes que se pueden usar para el juego dramático. Si hay solo un tema representado, entonces debe estar representado por muchas posibilidades diferentes de simulación. No es necesario más de un tema, pero un segundo tema puede brindar una variedad necesaria.

5.2. "Materiales" remite a los accesorios "muchos y variados" que se requieren en el indicador 5.1.

7.2. Consulte la definición de "centro de interés" en Explicación de los términos usados en la escala.

7.3. Para los niños en edad de caminar y los niños más grandes, los materiales deben ser lo bastante completos para permitir la combinación de accesorios que para el juego de fantasía sea significativo.

Notas de aclaración

Ítem 19.

El juego dramático es actuar o simular. Este tipo de juego ocurre cuando los niños usan accesorios para representar por sí mismos un juguetes pequeños o usan juguetes pequeños para fingir situaciones. Para otorgar crédito por este ítem, los niños deben tener libertad de usar los materiales, dentro de límites sensatos, a su propio modo, como parte de su propio juego de simulación. Para cumplir con los requisitos de este ítem, no se tienen en cuenta las actividades que se usan para enseñar a los niños a seguir secuencias específicas para completar adecuadamente tareas del hogar, como lavar los platos.

Los materiales para el juego dramático incluyen todos los juguetes provistos para que los niños los usen en su juego de fantasía. Pueden incluir personas o animales de juguete pequeños para usarlos con los bloques o edificios y vehículos para jugar. Incluyen también vehículos de juguete y casas de muñecas, con muñecos y muebles. *Los accesorios para el juego dramático* son un tipo de material para este tipo de juego. Sin embargo, son versiones de tamaño infantil o de tamaño real de lo que los niños ven en su mundo. Algunos ejemplos incluyen muñecos bebé que los niños pueden transportar, cochecitos donde caben los muñecos y que los niños pueden empujar, equipamiento de juguete para cocinar y comer, alimentos de juguete, disfraces, animales de peluche lo bastante grandes que parezcan animales reales, equipos de doctor, cajas registradoras de juguete o dinero de juguete. Los niños los usan cuando representan físicamente papeles conocidos.

Cuando en un indicador se usa el término "accesorios" para el juego dramático, a menos que se mencione lo contrario, deben cumplir con los requisitos descritos arriba. Si se usa el término "materiales", los accesorios no son un requisito, pero pueden servir para otorgar crédito.

El juego dramático para los bebés y los niños en edad de caminar requiere materiales o accesorios muy simples que representen las experiencias conocidas. Los niños en edad preescolar, los niños de kindergarten y los niños en edad escolar necesitan un amplio rango de accesorios que puedan usar para representar su más compleja comprensión del mundo. A menudo, los niños en edad escolar amplían su juego dramático en representaciones teatrales o espectáculos de títeres.

El juego dramático se ve realzado por accesorios que los niños en edad preescolar y los niños más grandes usan para representar una variedad de temas, entre ellos los *quehaceres domésticos* (por ejemplo, muñecos, muebles de tamaño infantil, disfraces, utensilios de cocina); *diferentes tipos de trabajos* (por ejemplo, oficina, construcción, granja, tienda, apagar incendios, transporte); *fantasía* (por ejemplo, animales, dinosaurios, personajes de cuentos); y *tiempo libre* (por ejemplo, campamento, deportes).

Consulte la información sobre "accesible" en Explicación de los términos usados en la escala.

1.1. Califique *No* si ningún grupo de edades tiene acceso a materiales para el juego dramático.

Los materiales requeridos en los indicadores 3.1, 3.2, 5.1 son los que los niños usan como accesorios al llevar a cabo físicamente su juego de fantasía. *No incluyen los materiales más pequeños requeridos en el indicador 3.2*, como personas o animales de juguete con vehículos o edificios, o casas de muñecas con muñecos y muebles de juguete. La excepción a esto es que los juguetes apropiados más pequeños se pueden considerar como para niños en edad escolar, como muñecos de moda parecidas a adultos o personajes de los superhéroes.

Inadecuado		Mínimo		Bueno		Excelente
1	2	3	4	5	6	7

19. Juego dramático*

1.1 No hay materiales accesibles para el juego dramático.*

1.2 La proveedora no muestra ningún interés en el juego dramático de los niños (ej.: no anima a los niños a usar los materiales; no hace que los materiales sean accesibles para los niños; no presta atención mientras los niños realizan un juego dramático).

3.1 Hay algunos accesorios que están accesibles para el juego dramático para cada grupo de edades estudiado durante la observación, de modo que los niños pueden usarlos para representar papeles conocidos (ej.: muñecos bebé; cama para muñecos; alimentos de juguete; disfraces; trajes teatrales o de fantasía).*

3.2 Hay acceso a algunos juguetes pequeños para el juego dramático (ej.: personas pequeñas de juguete con casa y muebles; animales de juguete con establo; autos pequeños de juguete; muñecos con ropa que representan figuras adultas para los niños más grandes).*

3.3 La proveedora muestra algún interés cuando los niños realizan un juego dramático (ej.: nombra artículos para los niños; conversa con los niños más grandes; asegura el cuidado de los materiales; ayuda a resolver problemas).
Observar una vez

5.1 Cada grupo de edades tiene acceso a muchos y variados accesorios para juego dramático, entre ellos, muebles para niños en edad de caminar y niños en edad preescolar.*

5.2 Los materiales están organizados por tipo (ej.: platos de juguete en un recipiente individual; los muñecos almacenamientos juntos; los sombreros y las carteras para disfrazarse colgados en clavijas; accesorios almacenamientos junto con los edificios de juguete).*

5.3 La proveedora les facilita a los niños el uso de los materiales (ej.: muestra al bebé como acunar un muñeco; muestra al niño cómo usar un accesorio con otro; ayuda a los niños a obtener lo que necesitan para sus representaciones).
Observar una vez

5.4 La proveedora se une a los niños en su juego y suma al aprendizaje de los niños de una manera que les resulta interesante (ej.: rotula objetos y acciones para los bebés; anima a los niños en edad de caminar a decir palabras; tiene conversaciones con los niños en edad preescolar y los niños más grandes sobre su juego; presenta los accesorios nuevos y habla sobre ellos).
Observar dos ejemplos diferentes para dos niños diferentes

7.1 Los materiales del indicador 5.1 están accesibles durante la observación.*

7.2 Existe un espacio adecuado donde los niños pueden usar los materiales para el juego dramático en un centro de interés, sin interferencia de otras actividades. (ej.: espacio despejado con los materiales almacenamientos cerca; no muy concurrido).*

7.3 Se proveen materiales para que los niños en edad de caminar y en edad preescolar realicen un juego dramático activo al aire libre o en otra área grande.*
NA permitido.

7.4 La proveedora participa con frecuencia en el juego de los niños y suma al aprendizaje de los niños de una manera que les resulta interesante.

Notas de aclaración

Ítem 20.

1.1, 3.1, 5.1, 7.1. Para ser considerados en la calificación, los materiales de naturaleza y ciencia deben ser accesibles para los niños durante la observación. Entonces, por ejemplo, si hay un perro en el hogar, para ser considerado, se debe observar a los niños teniendo experiencias con ese perro. Del mismo modo, si hay un huerto en el que los niños trabajan, se les debe observar haciéndolo.

Los materiales de naturaleza y ciencia incluyen las siguientes categorías: objetos naturales (por ejemplo, rocas, insectos, vainas de semillas, nido de pájaros), seres vivos a los que cuidar y observar (por ejemplo, plantas de la casa, huertos, mascotas, jardín de mariposas, terrario para hormigas), libros, imágenes, juegos o juguetes de naturaleza y ciencia (por ejemplo, tarjetas sobre la naturaleza para emparejar, tarjetas sobre la naturaleza para ordenar) e instrumentos para ciencia (por ejemplo, imanes, lupas, termómetros, prismas; para los niños en edad escolar: tubos de ensayo con cuentagotas, pluviómetro, microscopio) y agua o arena con juguetes. Consulte la información sobre "accesible" en Explicación de los términos usados en la escala.

De acuerdo con la definición, la arena o el agua no tienen que ser accesibles. Por ejemplo, solo se puede tener acceso a la arena al aire libre, pero debe haber tiempo suficiente para permitir un juego satisfactorio para los niños.

3.1, 5.1. Un ejemplo puede ser apropiado para más de un grupo de edades.

3.2. La intención de este indicador es que se les dé a los niños oportunidades para interactuar con la naturaleza. Esto puede ocurrir ya sea llevando a los niños al aire libre para que vean o experimenten criaturas naturales, como árboles, césped y pájaros, o brindándoles experiencias con la naturaleza en espacios interiores, como a través de plantas vivas, una pecera, mascotas y observar a los pájaros en un comedero de ventana.

5.2. Para otorgar crédito por este indicador, las experiencias al aire libre que tengan los niños deben incluir plantas o animales vivos.

20. Naturaleza y ciencias

1.1 No hay acceso a imágenes, libros, juegos ni juguetes que representen la naturaleza de manera realista (ej.: animales que solo se muestran como caricaturas o personajes fantasiosos).*

1.2 No existe ninguna oportunidad para que los niños experimenten el mundo natural, ya sea en espacios interiores o al aire libre (ej.:. no hay exposición a árboles, césped o aves al aire libre; no hay ni plantas ni mascotas vivas a la vista en el hogar; no hay caracolas ni otros objetos naturales accesibles para los niños).

1.3 A la proveedora no le interesan ni le gustan la naturaleza o las ciencias (ej.: ignora la curiosidad de los niños sobre la naturaleza; muestra temor o disgusto por las plantas, los insectos o los animales vivos; nunca habla sobre los acontecimientos naturales, como las condiciones climáticas o las aves que un niño ve).

3.1 Hay acceso a por lo menos 5 imágenes, libros, juegos o juguetes que representan la naturaleza de manera realista para cada grupo de edades (ej.: carteles que no asustan y que muestran claramente animales reales; animales de juguete realistas; revistas sobre naturaleza y ciencias para los niños más grandes).*

3.2 Se observa que los niños son capaces de experimentar el mundo natural o los objetos naturales, ya sea en espacios interiores o al aire libre (ej.: los niños juegan en el patio o salen a caminar; peceras o plantas a la vista en espacios interiores para los niños; juegan con arena o agua; examinan una colección de piedras; miran a través de una ventana baja para ver cómo se mueven los árboles con el viento).*

3.3 La proveedora muestra cierto interés en ayudar a los niños a experimentar la naturaleza o las ciencias (ej.: habla sobre el estado del tiempo; ayuda con un juego de ciencias; les lee a los niños un libro sobre naturaleza y ciencias; le entrega un animal de juguete realista a un bebé y nombra el animal).
Observar una vez

5.1 Hay acceso a por lo menos 10 ejemplos diferentes de materiales de naturaleza y ciencias que son apropiados, algunos para cada grupo de edades observado, con materiales de por lo menos 2 categorías. El agua o la arena con juguetes son un requisito para los niños de 2 años y en edad preescolar, en espacios interiores o al aire libre.*

5.2 Se observan experiencias con la naturaleza al aire libre, si el estado del tiempo lo permite (ej.: se coloca a los bebés sobre una manta en el césped; los niños en edad de caminar exploran las flores y los árboles en un patio o parque; se lleva a los niños a caminar y la proveedora señala cosas de la naturaleza; los niños en edad escolar ayudan en el huerto).*
NA permitido si el estado del tiempo no lo permite

5.3 Se observan algunas experiencias con plantas o animales vivos en espacios interiores (ej.: una planta en la casa, que los niños vean con facilidad; la proveedora señala árboles, flores o aves desde la ventana; los niños observan peces en una pecera).

5.4 La proveedora habla sobre materiales o experiencias de naturaleza y ciencias (ej.: comenta el estado del tiempo y la vestimenta necesaria; habla sobre las gotas de lluvia en las ventanas; ayuda a un niño a alimentar correctamente a los peces; habla sobre cómo las plantas mustias necesitan agua).
Observar dos veces

7.1 Los materiales de naturaleza y ciencias del indicador 5.1 están bien organizados y en buenas condiciones, y son accesibles durante la observación (ej.: colecciones guardadas en recipientes individuales; jaulas de los animales limpias).*

7.2 El juego con arena o agua se supervisa atentamente.
NA permitido si no se usa arena o agua.

7.3 Se observa mucha interacción de la proveedora con los niños sobre naturaleza y ciencias (ej.: la proveedora responde a la curiosidad de los niños sobre la naturaleza y la ciencia, y la estimula).
Observar en 3 momentos diferentes

7.4 La proveedora amplía el aprendizaje de los niños cuando comenta experiencias sobre naturaleza y ciencias (ej.: nombra tipos de nubes; ayuda a los niños a medir la velocidad con que brotan las semillas; dice cómo el calor cambia los alimentos cuando se cocinan; ayuda a buscar respuestas a una pregunta de ciencias).
Observar una vez

Notas de aclaración

Item 21.

El aprendizaje de conceptos numéricos y matemáticos debe empezar muy temprano. El uso de las palabras y los conceptos que se relacionan con la cantidad, el tamaño o la forma se debe introducir de manera informal cuando aparecen las oportunidades. Por ejemplo, cuando se hacen los quehaceres domésticos en el hogar, la proveedora relacionará las matemáticas y números con aquellas actividades, de una manera que los niños puedan comprender (por ejemplo, hablar sobre formas mientras se doblan las toallas, contar hasta 20 mientras los niños se lavan las manos o hablar sobre algunas cantidades de medición mientras ayudan a cocinar). Además, hay muchos materiales para que los niños pequeños relacionen con las matemáticas, materiales que son requisitos de este ítem. Cuando los niños usan juguetes de este tipo, la proveedora debe hablar sobre los atributos matemáticos, como tamaño, forma, cantidad o números de los juguetes, como parte de la conversación natural que realiza con los niños. Las matemáticas no se deben enseñar de manera formal a los niños pequeños. Las hojas de trabajo y otros materiales que se centran en el aprendizaje matemático de memoria no se cuentan como materiales de matemáticas para los niños pequeños. Se debe evitar interrogar a los niños pequeños sobre operaciones matemáticas.

Los niños en edad escolar estarán aprendiendo matemáticas en la escuela, y la proveedora debe satisfacer sus necesidades más avanzadas mientras sigue usando la charla sobre matemáticas con ellos. Para los niños en edad escolar que estén presentes durante la observación, se les puede ofrecer ayuda con la tarea de matemáticas, así como materiales de matemáticas que puedan usar en un juego apropiado para su edad.

1.1, 3.1, 5.1. Consulte la información sobre "accesible" en Explicación de los términos usados en la escala. Los materiales matemáticos y numéricos apropiados permiten que los niños usen objetos concretos para experimentar con la cantidad, el tamaño y la escala. Los materiales matemáticos desarrollan los conceptos que necesitan para las tareas más abstractas que requiere la escuela más adelante, como sumar, restar y completar problemas matemáticos con lápiz y papel. La consideración de un material o una actividad como apropiado se basa en las habilidades y los intereses de los niños.

Un material puede ser apropiado para más de un grupo de edades. Observe atentamente las áreas que se usan para que el niño para hallar materiales de matemáticas, porque tal vez no estén todos juntos. Se debe otorgar crédito solo por los materiales diseñados obviamente para el aprendizaje de matemáticas. *Cuente solo los materiales que estén en buena condición, lo que significa que no están rotos y que se pueden usar con su intención original para experimentar conceptos de matemáticas. Si se componen de muchas partes, entonces esas partes deben estar guardadas juntas.* No cuente materiales genéricos, como osos o bloques para contar, a menos que se observe que se usan para alentar el aprendizaje de matemáticas.

Se pueden contar los materiales caseros, como tazas medidoras graduadas, la ropa lavada que los niños ayudan a doblar, platos que se cuentan mientras se ponen sobre la mesa u otros objetos que se usan en el hogar, si se usan de manera obvia para el aprendizaje de matemáticas. Algunos ejemplos de materiales de juego apropiados incluyen:

- Bebés y niños pequeños: sonajeros de varias formas, gimnasios de cuna con figuras que cuelgan, libros de cartón con números y figuras, rompecabezas de formas sencillas, clasificadores de figuras, teléfonos y cajas registradoras de juguete con números, tazas que se colocan una dentro de otra, anillos apilables

- Niños en edad preescolar: objetos pequeños observados en uso en las actividades de conteo, balanzas de equilibrio con cosas para pesar, reglas, rompecabezas de números, números magnéticos, tableros de clavijas de números impresos que representan la cantidad de agujeros, juegos de números como dominós o lotería de números, figuras geométricas como bloques de enmarcado, libros sobre contar o sobre figuras, programa informático sencillo sobre matemáticas y números

- Niños en edad escolar: reglas, cintas métricas, rectas numéricas, barras y cubos unitarios, bloques de enmarcado, tarjetas matemáticas y tableros de juego, calculadoras, cronómetros, programa informático sobre matemáticas.

1.3, 3.3, 5.2. La "charla sobre matemáticas" se produce cuando la proveedora usa números en contextos significativos mientras habla con los niños. Aquí no se considera la charla negativa sobre matemáticas, como contar de manera amenazadora. La charla sobre matemáticas se puede escuchar de manera informal, como cuando se habla sobre las rutinas cotidianas o las actividades de juego y aprendizaje de los niños. No es un requisito que la charla sobre matemáticas solo forme parte del uso de los materiales de matemáticas por parte de los niños. El observador debe estar atento a charlas sobre matemáticas durante la observación.

5.3. Se puede calificar *Sí* si la proveedora representa o se observa que los niños usan los dedos.

5.4. Se le puede otorgar crédito si la proveedora muestra a los niños cómo usar los materiales de matemáticas, participa en juegos con los niños o realiza quehaceres domésticos con ellos.

7.2. En este indicador no se consideran preguntas de memoria, como "¿Qué número o qué figura es?". Cuando la proveedora explica su propio razonamiento matemático, habla en voz alta de manera tal que les interesa a los niños para que les muestre cómo está calculando una solución matemática. Por ejemplo, podría decir: "Aquí hay una silla, así que tengo que poner un plato aquí para que vaya con la silla", y así sucesivamente hasta que diga: "Ahora todas las sillas tienen un plato. Todos los que se sienten una silla tendrán un plato. Seis sillas, seis platos y nosotros somos seis". Otro ejemplo podría ser: "Ahora vamos todos afuera. ¿Cuántos abrigos necesitamos? Uno, dos, tres, cuatro (señalando a cada niño). Cuatro abrigos para cuatro niños. ¿Es suficiente? ¡Oh! ¡Yo también necesito uno! (Se señala a sí misma.) Entonces, necesitamos cinco abrigos".

7.4. Un número ordinal muestra la posición de un número en una lista o secuencia, como primero, segundo, tercero. La secuencia numérica observada debe ir más allá de solo usar la palabra "Primero".

21. Matemáticas y números*

1.1 No hay acceso a materiales apropiados de matemáticas y números.*

1.2 No hay números impresos fácilmente visibles para los niños en las áreas que utilizan (libros de números; carteles; números en juguetes).
NA para bebés

1.3 No se observa que la proveedora use con los niños la charla sobre matemáticas (ej.: la proveedora no cuenta, ni usa el nombre de figuras, ni usa palabras para indicar cantidad o tamaño, ni canta canciones sobre números con los niños).*

1.4 Las matemáticas solo se enseñan de manera inapropiada (ej.: en el grupo entero cuando los niños no entienden o no están interesados; uso obligatorio de hojas de trabajo con los niños en edad preescolar).

3.1 Durante la observación, están accesibles por lo menos 2 materiales apropiados de matemáticas y números para cada grupo de edades.*

3.2 Algunos números impresos, fácilmente visibles o accesibles para los niños, muestran imágenes de la cantidad que representan (ej.: cartel o libro con número impreso y las imágenes correspondientes que muestran esa cantidad de objetos).
NA para bebés

3.3 La proveedora a veces habla sobre conceptos de matemáticas y números de una manera interesante para los niños (ej.: pregunta a los niños cuántas cucharas se necesitan para la mesa; cuenta con los niños durante el lavado de manos; habla sobre la cantidad de clavijas que caben en el tablero.)*
Observar una vez

3.4 La proveedora señala cada objeto mientras cuenta para el niño (ej.: cuenta los platos mientras los ponen en el lavavajillas; cuenta las porciones de cereales cuando se las da al niño en edad de caminar; cuenta los bloques que hay en la torre del niño).
Observar una vez
NA para niños en edad escolar

5.1 Durante la observación, están accesibles por lo menos 4 materiales apropiados de matemáticas y números para cada grupo de edades.*

5.2 La proveedora usa la charla sobre matemáticas de manera que sea significativa y resulte interesante para los niños.
Observar tres veces

5.3 La proveedora anima a los niños de 2 años y a los más grandes a usar los dedos para representar los números (ej.: le dice a un niño cuántos años tiene ella y le muestra los dedos para representar su edad; le pide a un niño que diga cuántos niños hay presentes y muestra los dedos mientras el niño dice el número; ayuda a un niño en edad escolar a contar con los dedos para resolver un problema de suma).*
NA para niños menores de 2 años

5.4 La proveedora ayuda a los niños a aprender a usar las matemáticas con experiencias prácticas (ej.: le lee un libro para contar a un niño y lo ayuda a contar los objetos que hay en las imágenes; le muestra a un niño cómo hallar dos calcetines que forman un par; ayuda a un niño a usar una cinta métrica para averiguar cuánto mide un edificio de bloques).*
Observar dos veces

7.1 Los materiales del indicador 5.1 están accesibles durante la observación.

7.2 La proveedora les hace preguntas apropiadas a niños de 3 años y más grandes para estimular su razonamiento matemático, y explica el suyo propio a los niños más pequeños (ej.: "¿Qué pasaría si ponemos todas las plumas en un lado de la balanza y este bloque en el otro lado?"; "¿Tenemos suficientes galletas para que cada uno de ustedes pueda tener cinco?").*
Observar dos veces; NA permitido para niños menores de 3 años

7.3 La proveedora ayuda apropiadamente a que los niños tomen conciencia de qué significan los números impresos (ej.: levanta 3 dedos mientras señala el número 3; muestra cuántos cubos se necesitan para representar un número escrito; explica a un niño en edad escolar cómo comprender números grandes escritos, como centena de millar o millón).
NA permitido para niños menores de 2 años; Observar una vez

7.4 La proveedora usa números ordinales para describir una secuencia que los niños experimentan (ej.: "Primero, tenemos que limpiar; segundo, nos pondremos el abrigo y tercero, iremos afuera"; "Keisha, eres la primera de la fila; Mei, eres la segunda, James es el tercero y María, tú eres la cuarta").*

Ítem 22.

Dado que los niños aprenden principalmente a través de interacciones y experiencias prácticas con el mundo real, y porque se ha relacionado la obesidad con la excesiva cantidad de tiempo de pantalla, no es un requisito el uso de tiempo de pantalla (televisor, video, computadora, teléfonos celulares y otros dispositivos). Si nunca se usa tiempo de pantalla durante la observación, califique el ítem como *NA*. Sin embargo, si algún niño experimenta tiempo de pantalla durante la observación, se debe calificar el ítem. Cuando califique estos indicadores, incluya cualquier exposición a tiempo de pantalla que experimenten los niños, incluso si no se puso para ellos. Por ejemplo, considere a los niños que miran noticias en el televisor o una programación para adultos que mira un miembro de la familia de la proveedora.

Dado que los nuevos productos de medios audiovisuales se desarrollan constantemente, considere todos los materiales o equipos audiovisuales que observe que se usan con los niños, aun cuando no sean nombrados aquí explícitamente. Por ejemplo, los materiales en DVD y los juegos electrónicos se considerarían en la calificación.

Aquí no se considera la música transmitida por radio ni la música grabada sin acompañamiento de imágenes visuales, pero se le debe considerar en el ítem Música.

1.1, 3.1. Puede que gran parte del contenido de tiempo de pantalla que se usa tradicionalmente con los niños y al cual están expuestos en el hogar no sea apropiado para ellos. Por ejemplo, muchos dibujos animados contienen violencia y comportamiento antisocial. Los programas de televisión ofrecen con frecuencia un contenido que asusta, estimulan el deseo por productos comerciales como alimentos que no se consideran saludables para los niños y contienen material que está más allá de su comprensión. Para juzgar si el contenido es apropiado y bueno para los niños, el observador debe considerar todo el contenido de tiempo de pantalla que observa experimentar a los niños.

3.2, 5.1. Si el uso del tiempo de pantalla con los niños de 24 meses y más grandes es muy corto e interesante para ellos, no se requiere que sea accesible cualquier otra actividad, y se puede otorgar una calificación de *NA*.

1.3, 3.3, 5.2. Dado que los niños tienen acceso frecuente a mucho tiempo de pantalla en su propio hogar, se debe limitar en el cuidado infantil familiar. Idealmente, los niños menores de 24 meses no deben tener tiempo de pantalla, pero en el nivel de calidad Mínimo se pueden aceptar experiencias breves significativas de no más de 5 minutos. Durante la observación, el tiempo de pantalla se limita a 30 minutos para niños de 24 meses y más grandes en el nivel de calidad Mínimo, y a 20 minutos en el nivel Bueno. Estos tiempos implican el total de todas las instancias donde se usa el tiempo de pantalla, como algo de tiempo frente al televisor y algo con la computadora, o 20 minutos con un solo tipo de tiempo de pantalla.

En los programas que funcionan menos de 3 horas, el tiempo se debe prorratear para representar la proporción de 3 horas. Entonces, por ejemplo, en un programa que solo funciona 2 horas por día (por lo que una observación se limitaría a 2 horas), el tiempo de pantalla permitido sería de 20 minutos en el nivel de calidad Mínimo y de 13 minutos en el nivel Bueno.

En un grupo de varias edades, se debe cumplir el requisito para cada grupo de edades.

El uso del tiempo de pantalla se puede ampliar con niños en edad escolar que lo necesiten para hacer la tarea. Para los niños con discapacidades que necesitan tiempo de pantalla como un dispositivo de asistencia, por ejemplo, para comunicarse con los demás, estos límites no se aplican. Sin embargo, no se debe observar un uso constante.

5.3, 7.3. "Frecuentemente involucrada" significa que la proveedora habla con los niños sobre el contenido como una práctica regular mientras se usa tiempo de pantalla. Sin embargo, en el indicador 5.3, no es un requisito que la proveedora se involucre durante todo el tiempo de pantalla. Puede participar en la actividad o dejar de hacerlo, haciendo otras tareas o comunicándose con los demás. Esto contrasta con estar continuamente involucrada durante todo el tiempo de pantalla, que es un requisito en el indicador 7.3.

Inadecuado		Mínimo		Bueno		Excelente
1	2	3	4	5	6	7

22. Uso adecuado del tiempo de pantalla*

1.1 El contenido del tiempo de pantalla observado no es adecuado en cuanto al desarrollo (ej.: contenido violento o sexualmente explícito; personajes que dan miedo; mensajes sociales negativos, como usar la agresión física para resolver problemas).*

1.2 No se permite ninguna actividad alternativa mientras se usa el tiempo de pantalla (ej.: todos los niños deben mirar un video al mismo tiempo).

1.3 La cantidad de tiempo que se observa a los niños experimentando tiempo de pantalla no tiene límites (ej.: todo el día, acceso irrestricto).*

1.4 Hay muy poca o ninguna supervisión de la proveedora mientras los niños participan del tiempo de pantalla.

3.1 Todo el contenido del tiempo de pantalla observado es adecuado para niños de todas las edades.*

3.2 Por lo menos 1 actividad alternativa está accesible durante el tiempo de pantalla (ej.: los niños no tienen que mirar y pueden ir a otra actividad).*
NA permitido

3.3 Durante la observación, el tiempo de pantalla se limita a 30 minutos para los niños de 24 meses y más grandes, *o* a 5 minutos para los menores de 24 meses, y si se usa, es con la constante interacción positiva de la proveedora sobre el contenido.*

3.4 Se observa cierta interacción positiva de la proveedora con los niños sobre el contenido del tiempo de pantalla (ej.: la proveedora nombra a las personas en las fotos del celular para los niños en edad de caminar; hace preguntas sobre lo que ven a los niños en edad preescolar).
Observar una vez

5.1 Por lo menos 3 actividades alternativas interesantes están accesibles durante el tiempo de pantalla.*
NA permitido

5.2 Durante la observación, el tiempo de pantalla se limita a 20 minutos para los niños de 24 meses y más grandes, o no se usa con los menores de 24 meses.*

5.3 La proveedora está involucrada positivamente con cada niño que participa del tiempo de pantalla (ej.: observa y comenta el vídeo con los niños; supervisa el uso del televisor e Internet por parte de los niños en edad escolar; ayuda a los niños a aprender a usar apropiadamente una computadora).*

7.1 La mayor parte parte del contenido del tiempo de pantalla observado alienta la intervención activa (ej.: los niños pueden bailar, cantar o hacer ejercicio con el video; el programa informático alienta la creatividad; los niños en edad escolar realizan su propio vídeo).

7.2 El contenido del tiempo de pantalla se usa para apoyar y ampliar los intereses y las experiencias actuales de los niños (ej.: vídeo sobre un muñeco de nieve durante un día nevado; vídeo hecho y mostrado por los niños del grupo durante sus experiencias cotidianas; uso de la computadora por parte de los niños en edad escolar como ayuda con la tarea).

7.3 La proveedora está casi continuamente involucrada de manera positiva con los niños en edad preescolar y los niños más pequeños durante el tiempo de pantalla y, a veces, la proveedora comenta el contenido con los niños en edad escolar observados.*

Notas de aclaración

Ítem 23.

Es natural que los niños aprendan a clasificar y categorizar cuando alcanzan la edad de preescolar. Lo hacen cuando juegan con materiales. Pero también es el inicio de la capacidad de clasificar personas, primero según sus características físicas y después, por otros atributos. Esta tendencia se refuerza frecuentemente cuando se toma como modelo a otros en nuestra sociedad. Por consiguiente, es especialmente importante que la proveedora ayude a los niños a ir más allá de una simple clasificación, lo que podría llevar con mucha facilidad a estereotipos y prejuicios. Ayudar a los niños a considerar semejanzas entre las personas hace que puedan ver que todas las personas son más parecidas a ellos que diferentes. Ayudar a los niños a ver los beneficios de nuestras diferencias estimula el aprecio y la aceptación del rango más amplio de personas con las que interactuarán.

1.1, 3.1, 5.1. Para otorgar crédito por la diversidad de materiales, se debe observar que los niños del grupo puedan experimentar fácilmente la diversidad que se representa. Por lo tanto, los materiales que muestran imágenes positivas de diversidad y que se guardan en el fondo de una caja de juguetes no contarán a menos que los niños los saquen para verlos en algún momento durante la observación. Los elementos expuestos deben estar en lugares donde los niños tengan oportunidad de verlos. Se debe reproducir música grabada de distintas culturas. El observador no debe tener que buscar ávidamente materiales que no sean obvios durante la observación. En este ítem no se consideran las fotografías de los niños del grupo.

Algunos ejemplos de diversidad incluyen muñecos o pequeñas personas de juguete de razas o culturas diferentes; imágenes de los libros; imágenes visibles en tableros de anuncios y música de una variedad de culturas. Un ejemplo debe consistir en un contraste en la diversidad. Por consiguiente, un muñeco de rasgos asiáticos no cuenta como ejemplo, pero cuando está accesible junto a otro muñeco de una raza diferente, ambos se convierten en un ejemplo de diversidad. Los ejemplos de diversidad se pueden encontrar en un elemento, como una imagen con niños de dos razas o un libro que muestra a un niño con una discapacidad y a otro que no la tiene. Otro ejemplo se puede encontrar también en dos elementos distintos, guardados bastante cerca, como dos libros en la biblioteca, uno sobre personas de una raza y otro o sobre personas de una raza contrastante. Cuando se consideran los alimentos de juguete o los disfraces, para una raza contrastante, halle dos elementos contrastantes que representen, cada uno, una raza específica. No cree un ejemplo contrastando un elemento que sea obviamente representativo de una cultura particular con uno que sea genérico. Por ejemplo, una porción de pizza (italiana) de juguete necesitaría ser contrastada con otro alimento de juguete asociado con otra cultura, como un taco (mexicano) o con un alimento genérico como una fruta o una verdura común. No cuente ningún elemento más de una vez cuando cuente cuántos ejemplos contrastantes de diversidad hay.

1.2, 3.2. Los estereotipos crean la falsa suposición de que, si una persona de un grupo actúa de una manera específica, entonces lo hacen todas las personas de ese grupo. Tales suposiciones y estereotipos llevan a prejuicios y a un tratamiento injusto. Si los materiales muestran estereotipos negativos con respecto a cualquier grupo, como algunos juguetes que muestran a los "vaqueros y a los indios" solo peleando y no realizando actividades más constructivas, entonces el indicador 3.2 se debe calificar *No*. Busque problemas que serían fácilmente obvios para los niños. Cuando se representan las tradiciones culturales históricas, las imágenes deben equilibrarse con representaciones actuales no tradicionales. Por ejemplo, si las culturas tradicionales africanas están representadas en los materiales, entonces también se deben incluir las representaciones actuales. No es necesario buscar ávidamente ejemplos negativos.

1.3. A veces, es muy fácil suponer que se ha observado un prejuicio, cuando el comportamiento de la proveedora puede estar relacionado en realidad con otros factores que no tienen nada que ver con que una persona forme parte un grupo específico (raza, cultura, religión, etcétera). Por consiguiente, los observadores deben tener gran cuidado cuando se ha observado ese prejuicio. Para merecer tal calificación, una evidencia relevante debe estar obviamente relacionada con la pertenencia de una persona a un grupo específico, y el comportamiento de la proveedora debe demostrarse más de una vez durante la observación, ya sea repetido más de una vez con una sola persona u observado con varias personas que representan el mismo grupo.

3.1, 5.1. Si es difícil encontrar u observar los materiales, no otorgue crédito para los indicadores 3.1 y 5.1. Cuente solo los materiales que todos los niños pueden experimentar con facilidad.

5.1, 5.2. Los muñecos a los que se da crédito por representar la raza en el indicador 5.2 no se pueden contar para cumplir con los requisitos del 5.1. Sin embargo, cualquier muñeco o persona de juguete que no se consideró en el indicador 5.2 puede recibir crédito en el 5.1. Consulte la información sobre "accesible" en Explicación de los términos usados en la escala.

5.3. A menos que se explicite de otro modo, las categorías de diversidad de este indicador incluyen, raza, cultura, edad, capacidad y roles de género no tradicionales. Para todas las edades, las personas mayores deben ser evidentes, ya que están insuficientemente representados en los programas para niños. Para los roles de género no tradicionales, los niños deben experimentar versiones no tradicionales de niños y niñas, hombres y mujeres, haciendo cosas que, tradicionalmente, se han representado como actividades masculinas o femeninas. Aunque hoy en día estos roles puedan ser ocupados muy comúnmente por cualquier género, los niños deben recibir el mensaje de que les es posible lograr los roles que quieran elegir. Por consiguiente, por ejemplo, se deben mostrar como roles masculinos también los roles femeninos tradicionales de cuidar niños, bailar ballet o ser enfermera. Del mismo modo, los roles de bombero, trabajador de la construcción, oficial de policía o médico también se deben mostrar como roles femeninos.

7.3. Este indicador requiere mucho más que a la proveedora aceptando a los niños sin que importen su raza, religión, cultura, capacidad o género. Aquí se requiere que cada niño sea aceptado por su personalidad y sus características individuales. Por ejemplo, un bebé cascarrabias o menos atractivo debe recibir la misma cantidad de reconocimiento positivo y apoyo que un bebé más complaciente y atractivo. O un niño más activo debe ser apreciado tanto como uno menos activo. Ningún niño debe ser juzgado ni tratado con menos apoyo y reconocimiento positivo según sus características individuales.

Inadecuado		Mínimo		Bueno		Excelente
1	2	3	4	5	6	7

23. Promover la aceptación de la diversidad*

1.1 No se observan en los materiales ejemplos obvios de diversidad racial o cultural (ej.: todos los muñecos y las imágenes representan una sola raza; todos los materiales impresos se refieren a una sola cultura; todos los materiales impresos y de audio están en un solo idioma).*

1.2 Los materiales representan muchos estereotipos negativos.*

1.3 Se observa claramente que la proveedora demuestra prejuicios contra otro (ej.: contra un niño u otro adulto de raza o grupo cultural diferente; contra una persona con discapacidad).*

3.1 Se observa en los materiales por lo menos 3 ejemplos de diversidad racial o cultural (ej.: muñecos; personas pequeñas de juguete; libros, imágenes; música grabada de varias culturas; materiales en distintos idiomas).*

3.2 Los materiales muestran la diversidad de una manera positiva.*

3.3 No se observan prejuicios, o la proveedora interviene apropiadamente para contrarrestar cualquier prejuicio observado (ej.: comenta semejanzas y diferencias de manera positiva; asegura un trato justo para los demás; permite que los niños y las niñas sigan sus propios intereses sin estereotipos de género).

5.1 Se ven fácilmente por lo menos 10 ejemplos positivos de diversidad, con por lo menos un ejemplo en cada uno de los siguientes elementos: libros, imágenes en exhibición y materiales de juego accesibles.*

5.2 Están accesibles muñecos apropiados que representan por lo menos 3 razas (ej.:, muñecos bebé, muñecos con casa o muñecos de moda adultos que muestran tonos de piel o rasgos faciales diferentes).*

5.3 Los materiales incluyen por lo menos 4 de los 5 tipos de diversidad (raza, cultura, edad, capacidad y roles de género no tradicionales).*

7.1 Además de la diversidad de materiales, la inclusión de la diversidad se observa como parte de las actividades o rutinas de aprendizaje (ej.: canta canciones o dice cosas en más de un idioma; pasa música de culturas variadas; usa lenguaje de señas para algunas palabras; habla sobre comidas que representan culturas diferentes). *Observar una vez*

7.2 La proveedora señala semejanzas y diferencias entre las personas, comenta los beneficios de las diferencias y ayuda a los niños a ver esto de manera positiva (ej.: habla acerca de cuánto más interesante es tener muchos tipos de características físicas; muestra placer por los idiomas y las comidas diferentes). *Observar una vez*

7.3 La proveedora aprecia a cada niño por su propia individualidad (ej.: es paciente con un niño demandante; ofrece apoyo y aliento a un niño temeroso; usa el idioma materno de un niño, así como el idioma de la clase).*

Notas de aclaración

Item 24.

El juego físico activo requiere que los niños sean activos para desarrollar sus destrezas de motricidad gruesa. No se debe contar con un juego de motricidad gruesa al llevar a los niños a pasear en carriolas, sentarlos en hamacas o hacer que jueguen en el arenero. Se debe permitir que los bebés que no se desplazan se muevan libremente todo lo que puedan, por ejemplo, sobre una manta u otra superficie plana segura. Se debe dar a los niños más grandes oportunidades de desarrollo apropiadas para practicar las destrezas de motricidad gruesa.

Incluso si no se usa un espacio de motricidad gruesa al aire libre durante la observación, se debe observar cualquier espacio interior o al aire libre (en el lugar o cercano) que se use para determinar su pertinencia. Si se usan varios espacios, se le debe dar mayor importancia en la calificación al área que se usa con mayor frecuencia. No es necesario observar los patios de juego o los parques que no se usan con frecuencia. Considere la pertinencia de los espacios, al aire libre o interiores.

Para determinar la pertinencia de los espacios y el equipo para la motricidad gruesa, consulte el folleto "Playground Information to Use with the Environment Rating Scales" (Información de los patios de recreo para usar con las Escalas de calificación de ambientes), que se puede encontrar en el sitio web del Environment Rating Scales Institute (www.ersi.info), en la sección de materiales complementarios para cualquiera de las escalas. La información que contiene el folleto está tomada de *Public Playground Handbook*, Pub. n.° 325 de la U. S. Consumer Product Safety Commision (CPSC); de "Standard Consumer Safety Performance Specification for Public Use Playground Equipment for Children 6 Months through 23 Months" (2018) de ASTM y de "Standard Safety Performance Specification for Public, Commercial and Multi-Family Residential Use Outdoor Fences/Barriers for Public. Play Areas" (2017b), de ASTM. Para hogares pequeños de cuidado infantil familiar, que atienden a no más de 6 niños, se entrega un folleto basado en la información tomada de *Outdoor Home Playground Safety Handbook* (2005), Pub. n.° 324), de la CPSC.

1.4, 3.4, 5.5, 7.4. El equipo para motricidad gruesa y los materiales "apropiados" son seguros para los niños que los usan y están en buenas condiciones. Entre los ejemplos de equipos o materiales apropiados para los diferentes grupos de edades encontramos:

• **Bebés:** acolchado o manta para el exterior, gimnasio de cuna para bebés más pequeños, juguetes pequeños para empujar, pelotas, cosas resistentes para pararse sobre ellas, rampas para gatear.

• **Niños en edad de caminar:** juguetes grandes para montar sin pedales, juguetes grandes de empujar y jalar, pelotas, equipo para escalar de menos de 32 pulgadas de alto, almohadones o alfombras para acrobacias, túneles, cajas grandes de cartón.

• **Niños en edad preescolar:** equipo para escalar, tobogán de hasta 60 pulgadas de alto, triciclos, otros juguetes de montar, carros, pelotas, aro de básquetbol bajo.

• **Niños en edad escolar:** equipo para escalar de hasta 84 pulgadas de alto, bicicletas y otro equipo para montar, sogas para saltar, aros de hula hula, equipo para juegos con pelota.

3.1, 5.1, 5.2, 7.2. No es un requisito que el espacio interior esté preparado para una actividad vigorosa en el indicador 3.1, pero se debe permitir que los niños se muevan cuando puedan hacerlo, sin estar amontonados en un espacio pequeño. En los indicadores 5 y 7, debe ser posible la actividad vigorosa. Debe ser posible la opción de acceder a un espacio más abierto, como un pasillo o un espacio abierto para jugar. No se debe colocar a los bebés en un equipo como asientos para bebés u otro mobiliario restrictivo por más de 15 minutos por vez. Si un mobiliario restrictivo se usa con frecuencia o por períodos más largos, estos indicadores se deben calificar *No*.

3.2, 5.1. Para encontrar definiciones sobre "si el estado del tiempo lo permite", consulte Explicación de los términos usados en la escala. Si el estado del tiempo no lo permite, se debe observar que un espacio interior adecuado, que permita un movimiento vigoroso, se usa durante 20 minutos para el indicador 3.2 y 30 minutos para el 5.1.

3.3. Considere cualquier espacio que usen los niños para la motricidad gruesa. Si no se lleva a los bebés al aire libre, califique de acuerdo con la seguridad del espacio interior en el cual pueden moverse.

5.3, 5.4. Si se observa que se lleva afuera a los bebés, califique estos indicadores.

5.4. Se debe observar solo un ejemplo de protección contra los elementos, pero la protección debe corresponderse con lo que más se necesita en el área local.

7.3. Cada tipo de superficie (dura y blanda) debe ser lo bastante grande para permitir el juego de motricidad gruesa libre. Las superficies duras podrían incluir entablado, cemento, tierra o arcilla compacta. Las superficies duras no se deben usar para colocar un equipo del cual los niños podrían caer desde una altura de más de 12 pulgadas. Las superficies blandas podrían incluir alfombra, pasto denso, arena o mantillo flojo, o superficies engomadas. Si se usan como zona de caídas para los equipos, las superficies blandas no se cuentan para este indicador, ya que los niños no deben jugar en una zona de caídas.

7.4. El equipo portátil, como pelotas o juguetes con ruedas, está diseñado para que los niños lo muevan en su juego de motricidad gruesa. El equipo fijo es aquel que los niños no mueven como parte del juego, aunque algunas partes se puedan mover, como cuando los niños usan las hamacas. Algunos ejemplos de equipo fijo para un bebé incluirían un gimnasio que tenga juguetes que alcanzar o una barra para aferrarse.

Inadecuado		Mínimo		Bueno		Excelente
1	2	3	4	5	6	7

24. Motricidad gruesa*

1.1 No se observa el uso de un espacio interior o al aire libre para el juego de motricidad gruesa.

1.2 El espacio (al aire libre o interior) que se usa para el juego de motricidad gruesa es, generalmente, muy peligroso o inapropiado (ej.: poco espacio para moverse con seguridad, sin enfrentar muchos peligros importantes).
Calificar No si nunca se usa el espacio

1.3 No se observan equipos ni materiales de motricidad gruesa accesibles para ningún grupo de edades.

1.4 La mayor parte del equipo observado es inapropiado para los niños que lo usan y es muy peligroso.*
Calificar NA si no se observan equipos

3.1 Se observa algún espacio interior accesible para que los niños se muevan sin estar amontonados (ej.: los bebés pequeños pueden ser colocados en el piso para que se muevan cuando puedan; los bebés más grandes pueden gatear; los niños más grandes pueden caminar por los espacios para el cuidado de los niños).*

3.2 Los niños de 12 meses y más grandes usan algún espacio de motricidad gruesa para el juego al aire libre por lo menos por 20 minutos durante la observación.*
Calificar NA si solo se observan bebés

3.3 El espacio para el juego de motricidad gruesa es algo seguro (ej.: los niños no pueden alcanzar elementos extremadamente peligrosos; el área para correr no tiene riesgos importantes; hay cierto acolchonamiento debajo del equipo para escalar; área al aire libre cercada).*
Calificar No si nunca se usa el espacio de motricidad gruesa

3.4 Se observan algunos materiales o equipos apropiados accesibles, aptos para cada niño, y ninguno es muy peligroso.*

5.1 Se observa el uso del área *al aire libre* por lo menos durante 30 minutos, si el estado del tiempo lo permite, o el espacio interior se usa si el estado del tiempo no lo permite, o si solo se observan bebés.*
Califique NA si solo se observan bebés

5.2 El espacio interior o al aire libre que se usa para la motricidad gruesa es lo bastante grande para permitir un juego vigoroso apropiado para la edad, para que los niños en edad de caminar y los más grandes puedan correr.*
Calificar No si nunca se usa un espacio de motricidad gruesa

5.3 Generalmente, el espacio de motricidad gruesa al aire libre de acceso fácil es seguro, no tiene más de 4 riesgos menores y ningún riesgo importante.*
Calificar NA si solo se observan bebés
Calificar No si nunca se usa un espacio de motricidad gruesa al aire libre

5.4 El área al aire libre tiene alguna protección contra los elementos (ej.: sombra en verano; cortavientos; buen drenaje).*
Calificar NA si solo se observan bebés
Calificar No si nunca se usa un espacio de motricidad gruesa al aire libre

5.5 Hay suficientes materiales y equipos de motricidad gruesa apropiados y accesibles que permiten que los niños estén activos.*

7.1 Si el estado del tiempo lo permite, se lleva a los bebés al aire libre para un juego de motricidad gruesa.
Calificar NA si no se observan bebés

7.2 El espacio interior o al aire libre que se usa para el juego físico activo está organizado de manera tal que los diferentes tipos de actividades no se superponen (ej.: el juego con juguetes de ruedas está separado del equipo para escalar y el juego con pelota; los bebés y los niños en edad de caminar están protegidos del juego de los niños más grandes).*

7.3 El espacio al aire libre tiene por lo menos una superficie dura y una superficie blanda apropiadas que permiten diferentes tipos de juegos (ej.: césped, alfombra para exterior o arena, en oposición a cemento, alquitrán, entablado de madera, tierra compacta).*
Calificar No si nunca se usa un espacio de motricidad gruesa al aire libre

7.4 Los equipos portátiles y fijos son accesibles.*

Notas de aclaración

Ítem 25.

Considere la supervisión de la motricidad gruesa tanto en espacios interiores como al aire libre. Cuando sea al aire libre, concéntrese en la supervisión del juego físico activo, en lugar de hacerlo en un juego que no sea de motricidad gruesa.

1.1, 3.1, 5.1. Para otorgar crédito, la proveedora debe permitir que los niños se muevan con libertad tanto en espacios interiores como al aire libre.

- Para el indicador 1.1, si a los niños se les impide normalmente que se muevan con libertad o se pone énfasis en mantenerlos motivados en una actividad sedentaria, califique *Sí.*

- El solo hecho de permitir que los niños se muevan con libertad es suficiente para calificar *Sí* el indicador 3.1.

- Para el indicador 5.1, la proveedora debe hacer algo para estimular a los niños a usar destrezas de motricidad gruesa, como poner a un bebé debajo de un gimnasio apropiado para que pueda patear y tratar de agarrar los juguetes; animar a un bebé que está aprendiendo a gatear a que se estire para alcanzar un juguete que está fuera de su alcance; estimular a los niños en edad de caminar y a los de 2 años para que corran; usar pelotas con los niños en edad preescolar; o armar una carrera con obstáculos para niños en edad escolar.

- Cada niño no requiere un estímulo frecuente de la motricidad gruesa, pero la proveedora debe ofrecer generalmente este estímulo a todo el grupo.

1.3, 3.3, 5.3. Consulte la información sobre *Interacciones: positivas, neutras y negativas* en Explicación de los términos usados en la escala.

INTERACCIÓN

25. Supervisión del juego de motricidad gruesa*

1.1 La proveedora muestra poco o ningún interés en estimular la actividad motora gruesa de los niños (ej.: ignora a menudo a los niños mientras intentan realizar actividad física; desalienta con frecuencia a los niños que tratan de practicar destrezas de motricidad gruesa.*

1.2 Se presta poca atención a la seguridad de los niños durante las actividades de motricidad gruesa, ya sea al aire libre o en espacios interiores (ej.: los niños están a menudo desatendidos por largos períodos de tiempo; la proveedora generalmente presta poca atención a los niños cuando usan un equipo que es probable que cause lesiones).

1.3 La mayoría de las interacciones entre la proveedora y el niño es negativa (ej.: culpa al niño que tiene un problema o que se lastima durante un juego de motricidad gruesa; atmósfera de castigo o demasiado controladora).*

1.4 La proveedora a menudo restringe los movimientos de los niños por largos períodos (ej.: generalmente mantiene a los bebés en cunas, en sillitas, en centros de actividades por largos períodos; se restringe a los niños más grandes a áreas pequeñas de la casa).

3.1 La proveedora estimula a veces la actividad motora gruesa de los niños (ej.: brinda a los bebés "tiempo panza abajo" en el suelo; lleva a los niños al exterior; muestra un interés positivo en las actividades de motricidad gruesa de los niños; anima a los niños a moverse; pone música para bailar).*

3.2 La proveedora presta algo de atención para mantener seguros a los niños durante el juego de motricidad gruesa y detiene la actividad de motricidad gruesa muy peligrosa (ej.: detiene peleas por los materiales o equipos; hace algún intento por supervisar el equipo más peligroso y desafiante).

3.3 La interacción entre la proveedora y el niño es generalmente neutra o positiva durante el juego de motricidad gruesa, y no hay ninguna interacción extremadamente negativa que cause angustia.*

5.1 La proveedora alienta con frecuencia la actividad de motricidad gruesa de los niños (ej.: muestra entusiasmo para salir al aire libre; participa en el juego activo; habla con los niños acerca de las actividades de motricidad gruesa).*

5.2 La proveedora generalmente supervisa atentamente a los niños para proteger su seguridad y para evitar lesiones (ej.: ayuda a los niños a usar el tobogán con seguridad; se asegura de que los niños que usan juguetes con ruedas eviten chocar con obstáculos o con otros niños).

5.3 La interacción entre la proveedora y el niño es frecuente y generalmente positiva durante la supervisión de las actividades de motricidad gruesa, con muy poca o ninguna interacción ligeramente negativa (ej.: anima y apoya a los niños, pero no fuerza la actividad física; busca para cada niño algo que le guste hacer; ayuda a los niños a resolver problemas sociales como turnarse; explica la razón para detener la actividad peligrosa y ayuda a los niños a encontrar alternativas seguras).*

7.1 La proveedora inicia una actividad vigorosa de motricidad gruesa (ej.: anima a los niños a correr o gatear rápido; coloca a los niños en un gimnasio de actividades para que patee o alcance juguetes; ayuda a los niños más grandes a jugar con una pelota o a correr por el patio).

7.2 La proveedora ayuda a los niños a desarrollar destrezas nuevas y a usar un equipo más desafiante (ej.: brinda apoyo al bebé que quiere ponerse de pie; toma las manos del niño para ayudarlo a caminar; les muestra a los niños en edad de caminar cómo usar el tobogán de tamaño apropiado; ayuda a los niños en edad preescolar a aprender a andar en bicicleta; muestra a los niños en edad escolar cómo driblar una pelota de básquet).

Notas de aclaración

Ítem 26.
Este ítem evalúa la supervisión del juego y el aprendizaje distintos de la actividad de motricidad gruesa. Además, aquí no se considera la supervisión de las rutinas de cuidado personal, pero está incluida en los 4 ítems individuales de esa subescala. Considere la supervisión en espacios interiores y al aire libre que se produce cuando los niños no están participando en actividades de motricidad gruesa. Por ejemplo, cuando están al aire libre, considere la supervisión que se brinda a los niños que participan en actividades más sedentarias, como arte, juego con arena o juego con materiales para motricidad fina.

3.1. Si la supervisión es mínima, pero todavía se siguen observando problemas importantes, califique *No*.

5.1. Se permiten intervalos de no más de 3 minutos, excepto cuando hay un riesgo alto de peligro para los niños. Por ejemplo, no se puede otorgar crédito si se observa que los niños se llevan objetos pequeños a la boca mientras caminan o están en una situación que es probable que cause problemas entre ellos.

5.4. Para calificar *Sí*, los niños deben estar principalmente en un juego libre con el agregado de alguna actividad iniciada por la proveedora.

5.5. Califique *No* si no se observa juego libre.

26. Supervisión del juego y el aprendizaje (sin motricidad gruesa)*

1.1 Generalmente, la supervisión no es suficiente para la edad y la capacidad de los niños (ej.: la proveedora deja a menudo a los niños y no puede verlos, escucharlos ni llegar hasta ellos; niños frecuentemente desatendidos en situaciones peligrosas).

1.2 La mayoría de las interacciones entre la proveedora y el niño ocurren con grupos de niños, y están iniciadas y dirigidas por la proveedora (ej.: se reúne a todos los niños en un grupo para actividades de juego como la música, el arte o la hora del cuento).

1.3 La proveedora no interactúa apropiadamente con los niños durante el juego (ej.: la supervisión es punitiva o demasiado controladora con gritos, la denigración, o constantes "no", se centra exclusivamente en las tareas de cuidado de rutina).

3.1 Se supervisa mínimamente a los niños durante las actividades de juego (ej.: la proveedora supervisa a los niños ocasionalmente; supervisa escuchando mientras los niños no están a menudo a la vista).*

3.2 La proveedora generalmente detiene los problemas entre los niños (ej.: evita que los niños en edad de caminar les saquen los juguetes a los demás; evita que los niños en edad escolar se peleen).

3.3 La proveedora circula a veces entre los niños e interactúa con ellos individualmente o en grupos pequeños (ej.: habla con los niños sobre su juego; ayuda con los materiales si es necesario; juega con los niños; ayuda a ordenar; ayuda a los niños que deambulan a interesarse en la actividad).

5.1 La supervisión cuidadosa de los niños se ajusta apropiadamente para las diferentes edades y capacidades (ej.: se mantiene a los niños más pequeños o más impulsivos a la vista y al alcance).*

5.2 La proveedora generalmente actúa con rapidez para resolver los problemas de los niños de manera compasiva y comprensiva (ej.: usa un juguete nuevo para interesar a un niño que llora; ayuda a los niños en edad escolar que se pelean a desarrollar un plan de turnos justo para los materiales populares).

5.3 La proveedora a menudo demuestra interés o aprecio por lo que los niños hacen (ej.: le lee a un niño un libro que él tomó de la biblioteca; se une al juego de fantasía de los niños; ayuda a los niños en edad escolar y los estimula con la tarea).

5.4 La proveedora inicia actividades o experiencias para los niños, además de permitir que jueguen por sí solos (ej.: muestra a los niños cómo construir una torre con bloques; saca un juego de tablero para los niños en edad escolar).*
Observar a 2 niños diferentes

5.5 La proveedora generalmente circula entre los niños que participan en un juego libre.*

7.1 La proveedora generalmente actúa para evitar problemas entre los niños antes de que ocurran (ej.: saca juguetes repetidos cuando compartir un juguete puede ser un problema; lleva una actividad a un espacio más grande cuando el área está demasiado concurrida; traslada el juego activo antes de que interrumpa el juego tranquilo).

7.2 La supervisión es generalmente individualizada (ej.: supervisión más estrecha de un niño con mayores necesidades; apoyo adicional para un niño nuevo en el grupo o para un niño tímido; supervisión estrecha de un niño en edad de caminar que usa materiales con piezas pequeñas o de los niños en edad escolar que participan en una actividad de cocinar).

Item 27.

La "interacción" incluye comunicaciones verbales (hablar, elogiar, hacer comentarios positivos, hablar a la altura de los ojos, escuchar atentamente a los niños, comentar las actividades, narrar lo que está sucediendo) y no verbales (sentarse cerca, sonreír, contacto visual, amistad, lenguaje corporal cordial) entre los adultos y los niños. Consulte la información sobre *Interacciones: positivas, negativas y neutras* en Términos usados en la escala. La mayor parte del aprendizaje ocurre dentro de las relaciones, por lo tanto, la construcción de relaciones positivas entre las proveedoras y los niños debe ser siempre un objetivo principal en ambientes de infancia temprana.

1.2. Las interacciones desagradables o negativas con los niños les dan el mensaje de que son inoportunos, incompetentes o no son valorados por lo que son ni por lo que son capaces de hacer. Se deben observar muchas interacciones desagradables para poder calificar *Sí*.

3.3, 7.2. "Responder apropiadamente" significa que el niño demuestra, en cierto modo, satisfacción. Consulte "Consideraciones especiales para los bebés pequeños que no pueden sentarse sin apoyo" en Explicación de los términos usados en la escala. Considere que, en algunas situaciones, puede no haber respuesta que satisfaga al niño (por ejemplo: bebés con algunas dificultades digestivas, niños que son nuevos en el programa y recién están aprendiendo a ajustarse, o niños que están enfermos). En estos casos, se debe observar que la proveedora intenta dar una respuesta satisfactoria, aun cuando el niño siga mostrando angustia. La proveedora debe probar muchas maneras de calmar al niño durante el tiempo de angustia, lo cual requiere, en ciertos casos, el uso de una hamaca u otro dispositivo restrictivo, o tenerlo en brazos mucho tiempo. Al calificar, considere cuánto esfuerzo hace la proveedora, incluso si no logra satisfacer al niño. Sin embargo, si es común que no se pueda satisfacer a muchos niños, o si la proveedora muestra rabia o frustración con un niño, el indicador 3.3 se debe clasificar *No*. Para calificar *Sí* el indicador 7.2, no puede haber más de dos ejemplos moderados de que a la proveedora le falta sensibilidad.

5.1. La "interacción positiva frecuente" permite interacciones neutras también, pero lo positivo debe prevalecer por sobre lo neutro. Para otorgar crédito, debe haber pocas o ninguna interacción negativa, pero ninguna puede causar angustia indebida en los niños, e incluso no deben ocurrir con frecuencia los ejemplos negativos moderados.

5.3. La interacción comprensiva debe ser una práctica común para la proveedora. En algunos casos, un niño puede no recibir el apoyo requerido porque a la proveedora se le escapa la instancia de necesidad. Si esto ocurre, considere su frecuencia y califique de acuerdo a la cantidad de veces que la proveedora no se da cuenta de cuándo los niños necesitan apoyo. Debe haber solo unos pocos casos, y ninguno puede causar angustia indebida.

5.4. El humor o carácter juguetón "apropiado" de la proveedora no debe implicar nada que asuste o posiblemente peligroso, como juegos de persecución violentos. Se debe observar que los niños responden positivamente a las interacciones, y si no, la proveedora debe detener la interacción.

7.1. Si en el grupo hay un niño que recibe muy poca interacción durante la observación, incluso si la que recibe es positiva, califique este indicador *No*.

Inadecuado		Mínimo		Bueno		Excelente
1	2	3	4	5	6	7

27. Interacción entre la proveedora y el niño*

1.1 La proveedora generalmente no se interesa ni es sensible con los niños (ej.: raramente les responde, les sonríe, les habla o los escucha).

1.2 Las interacciones con los niños son generalmente negativas o desagradables (ej.: tonos duros, amenazas, comentarios sarcásticos, parece distante o fría).*

1.3 Se ignora generalmente a uno o más niños durante la mayor parte de la observación.

3.1 Se observan algunas interacciones positivas con los niños de manera individual (ej.: la proveedora muestra cierto interés en lo que el niño está haciendo; saluda al niño de manera cordial; reconoce los esfuerzos del niño).

3.2 La proveedora es generalmente paciente, calmada y positiva con los niños, y la atmósfera es relajada y agradable (ej.: pocos o ningún momento tenso o de ajetreo; la proveedora y los niños parecen calmados e interesados en las actividades).

3.3 La proveedora es ocasionalmente sensible a las señales *no verbales* de los niños y responde de manera apropiada (ej.: tranquila y relajada con el niño cansado; observa al niño que tiene un tazón de cereales vacío y le da más; permite que un niño deje el momento en grupo cuando se levanta continuamente y quiere irse caminando; permite que un niño juegue con un juguete que trata de alcanzar).*

5.1 Se ve una frecuente interacción positiva entre la proveedora y el niño durante la observación, sin largos períodos sin interacción (ej.: contacto visual cálido; interacciones frente a frente; sonrisa; no hay niños obviamente "favoritos" ni que "desagradan").*

5.2 La proveedora está generalmente atenta y receptiva a los intentos de los niños por iniciar interacciones (ej.: responde a los balbuceos u otras vocalizaciones del bebé; escucha atentamente los comentarios de los niños más grandes y responde apropiadamente).

5.3 La proveedora es comprensiva, calmada y compasiva con los niños ansiosos, enojados, temerosos o lastimados (ej.: consuela o distrae a un niño que está enojado cuando se va un progenitor; comprensiva con los niños que tienen problemas entre sí).*

5.4 La proveedora muestra un carácter juguetón o un humor apropiado con los niños (ej.: muestra una sorpresa divertida con lo que sucede; usa un tono de voz que divierte a un niño; usa acertijos apropiados con los niños en edad escolar).*

7.1 Se observan muchas interacciones individuales positivas con todos los niños del grupo (ej.: la proveedora inicia interacciones con niños que no necesitan atención, además de hacerlo con los que sí la necesitan).*

7.2 La proveedora es generalmente sensible a las señales no verbales de los niños y responde apropiadamente (ej.: se da cuenta cuando los niños necesitan un juego activo y los lleva al aire libre; le da apoyo a un niño en edad escolar que tuvo un día estresante en la escuela).*

Notas de aclaración

Ítem 28.

Los ejemplos de contacto físico apropiado incluyen: abrazar, agarrar, acunar, palmear y permitirle al niño acurrucarse contra un adulto. Preste atención a los contactos físicos obvios y a los sutiles, como tocar el hombro o la cabeza de un niño cuando pasa, colocar una mano en la espalda de un niño cuando le habla, permitir que un niño esté cerca físicamente cuando trabaja con él o sostener la mano a un niño.

1.2, 3.2. Los ejemplos de contacto físico negativo extremo incluyen, pegar, abofetear, pellizcar, hacer cosquillas no deseadas, sacudir con fuerza, tironear con fuerza, agarrar con fuerza y otro tipo de contacto físico no deseado. Asegúrese de observar la respuesta del niño a lo que parece ser contacto físico negativo. El contacto físico enérgico puede ser apropiado si una proveedora está tratando de proteger a un niño frente a un peligro inminente, pero la situación se debe resolver de manera rápida y positiva. Además, los niños pueden mostrar aversión al contacto físico necesario, como limpiar la nariz o limpiar la zona del pañal, pero esto se debe manejar con la mayor sensibilidad posible para el niño y se debe resolver rápidamente de manera positiva.

5.3. Para otorgar crédito, la proveedora debe estimular un contacto suave cuando los niños están siendo rudos con los demás. Cuando no se observa rudeza, a veces la proveedora debe estimular el contacto gentil como un gesto de afecto, por ejemplo, señalando cómo acaricia o abraza a un niño.

7.1. La falta importante de contacto físico positivo dependerá de la edad y de las necesidades de cada niño. Para los niños más grandes, se requiere menor contacto físico, pero se debe dar cuando un niño lo necesita o está angustiado. Los bebés y los niños en edad de caminar necesitan mucho contacto físico de los adultos, pero si los niños en edad de caminar, por ejemplo, están participando en una actividad de motricidad fina, podrían pasar períodos más largos sin el contacto cálido de un adulto. Sin embargo, el contacto físico cálido se debe observar con los niños en edad de caminar en otros momentos.

28. Proporcionar calidez física y contacto*

1.1 La proveedora generalmente no brinda el contacto físico apropiado (ej.: rara vez sostiene a los niños; no hay abrazos ni palmadas en la espalda; no toma de las manos; no choca las manos).

1.2 El contacto físico es generalmente negativo (ej.: contacto físico duro usado como castigo; abrazo usado para sujetar a los niños; abrazos o cosquillas no deseados).*

1.3 La proveedora desalienta el contacto físico apropiado entre los niños (ej.: les dice a los niños que no deben abrazarse; mantiene alejados a los niños para evitar el contacto).

3.1 El contacto físico apropiado se usa en rutinas o para manejar a los niños (ej.: tener en brazos a los bebés mientras les da alimento; abrazos o choque de manos cuando llegan o se van).

3.2 No se observa contacto físico negativo extremo.*

3.3 La proveedora generalmente detiene el contacto físico negativo entre los niños (ej.: detiene las patadas y los empujones).

3.4 La proveedora se sienta a menudo en el suelo o se agacha para estar físicamente accesible para los niños.

5.1 El contacto físico cálido se usa a menudo durante las actividades de aprendizaje y juego (ej.: la proveedora sienta a los niños en su regazo mientras lee libros o juega con juguetes; rodea con los brazos a los niños en edad escolar mientras los ayuda con la tarea; da palmadas, abrazos o choca las manos para alentar los esfuerzos de los niños).

5.2 La proveedora está generalmente atenta y receptiva a los intentos de los niños por iniciar un contacto físico (ej.: da una respuesta física al niño que se aferra a ella; rodea con los brazos al niño que se inclina hacia ella).

5.3 La proveedora alienta positivamente, nunca de manera negativa, las caricias suaves entre los niños (ej.: pone a los niños al alcance del brazo de los demás; elogia al niño en edad escolar que trata de calmar a un niño en edad de caminar que llora).*

7.1 Durante la observación se muestran muchos abrazos, palmadas y otro tipo de calidez física, sin interrupciones importantes (ej.: tener en brazos mucho tiempo a los bebés que quieren estar así; a ningún niño le faltan completamente calidez ni contacto físico).*

7.2 La proveedora varía normalmente el contacto físico para que coincida con el humor, la personalidad o las preferencias de los niños (ej.: abraza a los niños que son receptivos; es gentil con un niño cuando está enojado; choca las manos de un niño que prefiere menos contacto).

Notas de aclaración

Ítem 29.

1.1. Si se observa cualquier ejemplo de respuesta física grave, califique *Sí*. Sin embargo, no considere el agarrar rápido a un niño, generalmente por seguridad, como grave a menos que sea muy rudo o cause una angustia indebida en un niño.

5.4. Prestar atención por un buen comportamiento cuando los niños están jugando debe ser la práctica común, y no debe ser observada solo ocasionalmente. La atención debe estar en todas las áreas de juego y de cuidado, para que cada niño reciba una cantidad razonable.

7.2. Para otorgar crédito, no es suficiente decirles simplemente a los niños "usa tus palabras". La proveedora debe seguir hasta el final para asegurarse de que los niños se escuchan y reciben la ayuda que necesitan para resolver problemas de manera satisfactoria. Para los niños que no hablan, se debe observar a la proveedora dando ejemplo de las palabras que los niños podrán usar a medida que desarrollen el lenguaje. Califique *Sí* si no se observan problemas. Se permite *NA* si todos los niños tienen menos de 12 meses.

29. Guiar el comportamiento de los niños

1.1 Se usan respuestas físicas o verbales fuertes para guiar el comportamiento de los niños (ej.: la proveedora da nalgadas; golpea la mano del niño; da tirones; retiene la comida; muestra enojo extremo, como gritos o alaridos; amenaza; avergüenza, o menosprecia; encierra a los niños por largos períodos).*

1.2 La falta de guía del comportamiento de los niños causa problemas (ej.: atmósfera caótica; los niños tienden a lastimarse; materiales dañados).

1.3 Las expectativas de los niños son a menudo inadecuadas para su nivel de desarrollo (ej.: el compartir es forzado o se espera que suceda siempre; largos períodos de espera sin nada que hacer; se restringe el movimiento físico; los niños deben estar quietos durante las comidas).

1.4 La proveedora responde principalmente al comportamiento que se percibe como inapropiado, mientras ignora el buen comportamiento.

3.1 La proveedora raramente usa respuestas verbales negativas para guiar el comportamiento de los niños (ej.: cualquier enojo de la proveedora es breve y menor).

3.2 La proveedora normalmente guía el comportamiento de manera positiva, en lugar de responder negativamente al mal comportamiento de los niños (ej.: encauza a los niños; brinda opciones; hace advertencias).

3.3 La proveedora normalmente mantiene bastante control para detener los problemas (ej.: hace que los niños dejen de lastimarse unos a otros o de ponerse en peligro; detiene el daño a los materiales o al ambiente).

3.4 A veces se presta atención a los niños cuando se están portando bien (ej.: la proveedora observa, sonríe o participa mientras los niños están jugando o participando en rutinas de cuidado personal).

5.1 Nunca se observa a la proveedora responder con enojo o negatividad para guiar el comportamiento de los niños.

5.2 Se usan métodos positivos para guiar el comportamiento con resultados satisfactorios para los niños (ej.: la proveedora hace que dejen de correr adentro llevando a los niños al aire libre; pone más crayones rojos para reducir la competencia; ayuda a los niños a usar un cronómetro para los turnos).

5.3 La mayoría de las expectativas para los niños son adecuadas (ej.: no se obliga a compartir, aunque se puede comentar y facilitar; los tiempos de espera son breves).

5.4 Se da mucha atención a los niños cuando se comportan bien mientras juegan.*

5.5 La proveedora explica en términos sencillos por qué no están permitidos ciertos comportamientos (ej.: "Si le pegas, le duele", "Por favor, bájate, no quiero que te caigas y te lastimes").
Observar una vez

7.1 La proveedora ayuda a los niños a darse cuenta de cómo afectan sus acciones a los demás (ej.: señala el rostro triste del niño al que le quitaron un juguete; hace notar lo bien que se siente cuando se comparte).
Observar dos veces

7.2 La proveedora ayuda a los niños a usar la comunicación para resolver problemas y hace un seguimiento para asegurarse de que el problema se resuelve (ej.: proporciona palabras o gestos para los que no hablan; anima a los niños mayores a usar palabras).*
Observar una vez
NA permitido para bebés

7.3 Las expectativas para los niños son siempre apropiadas (ej.: se observa atentamente a los niños y se les reorienta inmediatamente; se reduce la cantidad de niños; hay acceso a juguetes repetidos).

Notas de aclaración

Ítem 30.

Califique este ítem *NA* si hay un solo niño anotado o presente durante la observación.

Los niños desarrollan la capacidad de llevarse bien con otros niños a lo largo de varios años. Los bebés tienden a jugar de manera solitaria, relacionándose principalmente con los adultos, pero a menudo demostrarán cierto interés en otros niños como objetos de su mundo. En los grupos de bebés, se debe respetar y proteger la tendencia de cada niño hacia el juego solitario. A medida que se acercan a la edad de caminar y los dos años, aprenderán a disfrutar de jugar cerca de otros niños, haciendo las mismas cosas, pero todavía sin cooperar ni interactuar mucho (lo que se conoce como "juego paralelo"). Usted podría ver juegos sencillos, como copiar las acciones de otro niño o que se corran el uno al otro, pero este tipo de cooperación es limitada en los niños en edad de caminar y en los de 2 años. A esta edad temprana, todavía les falta la comprensión de que los otros niños son, en realidad, tan *personas* como ellos mismos, por lo tanto, suelen quitarse los juguetes unos a otros, empujándose y teniendo otros comportamientos aparentemente agresivos. Sin embargo, lo que parece ser agresión es, en realidad, falta de comprensión debido a las destrezas cognitivas y sociales inmaduras de los niños.

Cuando los niños alcanzan la edad de preescolar, empiezan a tener lugar intercambios sociales más complejos, y pueden turnarse con los materiales, cooperar, empezar a comprender los sentimientos y tener conversaciones sobre turnarse. Normalmente, los niños en edad escolar tienen interacciones aún más complejas y podrían mostrar compasión y cierta comprensión de señales sociales sutiles. La proveedora debe demostrar comprensión de las habilidades de desarrollo de los niños del grupo y, cuando surjan problemas, debe ayudar sin dar mensajes negativos a los niños. La guía cuidadosa de la proveedora y las experiencias positivas con los demás niños cumplen papeles importantes en el desarrollo de la interacción apropiada entre compañeros.

1.1. "Se desalienta generalmente las interacciones entre niños" significa que se proporciona poco apoyo, ya sea por la proveedora, el horario o el mismo ambiente. La proveedora puede desalentar activamente las interacciones solicitando a los niños que hagan su trabajo o jueguen solos, sin interrupciones de los demás; solicitando a los niños que hagan la misma cosa al mismo tiempo, pero sin comunicarse ni jugar mucho con los demás o manteniendo un control muy estricto, o una atmósfera de castigo, lo que hace que los niños estén muy incómodos para interactuar con los demás.

3.1, 5.1. La facilitación de las interacciones de los niños debe ser positiva. Para calificar *Sí* el indicador 5.1, no se debe observar una facilitación negativa que cause angustia indebida. Algunos ejemplos de facilitación negativa incluyen el forzar a un niño a compartir un juguete cuando altera su juego o exigir a los niños que jueguen juntos cuando no quieren hacerlo. Para el indicador 5.1, se requiere de la proveedora más que solo permitir que los niños jueguen con los demás. Se requiere también una supervisión e interacción diligentes para tratar los problemas.

7.3. Se permite *NA* si solo hay bebés.

30. Interacciones entre los niños*

1.1 Generalmente se desalienta la interacción entre los niños (ej.: se mantiene aislado a un bebé en una hamaca o silla; no se permite la conversación entre niños; pocas oportunidades para que los niños elijan a sus propios compañeros).*

1.2 A menudo se ignora la interacción negativa entre compañeros o se maneja esta con rudeza.

1.3 La proveedora no muestra sensibilidad por las necesidades de desarrollo de los niños para jugar solos, cerca de otro niño o con los demás (ej.: los niños están hacinados en una habitación pequeña; se espera que los niños compartan el juego o cooperen cuando no pueden hacerlo; el juego de los niños más grandes no está protegido de los más pequeños).

3.1 La proveedora a veces facilita los intentos de los niños por interactuar con otros niños (ej.: se les permite jugar cerca de los demás; se evitan los hacinamientos).*

3.2 La proveedora generalmente detiene la interacción negativa entre compañeros (ej.: hace que no se muerdan, golpeen, insulten, peleen).

3.3 Existen algunas oportunidades para que los niños jueguen solos o en grupos pequeños sin mucha interferencia de otros niños (ej.: los niños no están siempre hacinados en un espacio; la proveedora protege a un niño de la intromisión de otro).

5.1 La proveedora facilita a menudo los intentos de los niños por interactuar con los demás cuando es necesario (ej.: guía la mano del niño y dice "suave" cuando un niño quiere tocar a otro; incluye a un niño con discapacidad en el juego con los demás; ayuda a un niño excluido a participar con éxito en el juego con los demás).*

5.2 La proveedora generalmente da ejemplos de interacción social positiva, sin que se observe un ejemplo negativo extremo (ej.: es cálida y afectuosa; acaricia con suavidad; es educada con los niños y no es "mandona").

5.3 Existen muchas oportunidades para que los niños jueguen solos o en grupos pequeños con poca o ninguna interferencia de otros niños y no se observan situaciones que causen angustia indebida.

7.1 La proveedora habla sobre las acciones, las intenciones o los sentimientos de los niños para con otros (ej.: ayuda a reconocer las expresiones faciales de tristeza o alegría; explica que otro niño no tenía intenciones de hacer daño). *Observar dos veces*

7.2 La proveedora señala y habla sobre casos de interacciones sociales positivas entre los niños (ej.: le sonríe y le habla al bebé que observa a otros niños; elogia a los niños en edad de caminar por trabajar juntos para guardar los juguetes; elogia a un niño que consuela a un bebé). *Observar una vez*

7.3 La proveedora da inicio a algunas oportunidades para que los niños trabajen o jueguen juntos (ej.: muestra a los niños en edad de caminar cómo hacer rodar una pelota de un niño a otro; anima a los niños más grandes a leerles a los más pequeños). *NA permitido para bebés*

Notas de aclaración

Ítem 31.

Recuerde que toda calificación se basa en lo que se ve o se oye durante la observación.

"Horario" significa la secuencia de acontecimientos experimentados por los niños durante la observación. Una "transición" es el tiempo que pasa entre las diferentes actividades. Por ejemplo, se considera transición el tiempo que pasa entre el juego adentro y afuera, cuando los niños se pueden estar poniendo el abrigo, haciendo fila y caminando hasta el patio de recreo.

Califique *NA* este ítem cuando todos los niños del grupo sean bebés que tienen un horario individual.

1.5. Los 10 minutos que se mencionan en este indicador se refieren a una transición, no al tiempo acumulado para todas las transiciones.

1.5, 7.3. "Interesante" significa que los niños están atraídos y motivados. Por ejemplo, cuando la proveedora encabeza una actividad cantada mientras los niños forman fila y esperan, pero pocos niños se sienten motivados a participar, no lo considere como interesante. Del mismo modo, si se les dice a los niños que busquen un libro y lo miren, pero en realidad pocos lo hacen, esto no es interesante.

5.1. Califique *Sí* si no hay necesidad de ajustar el horario para mantener los intereses de los niños durante la observación.

5.3. Consulte la información sobre *Interacciones: positivas, neutras y negativas* en Explicación de los términos usados en la escala.

ESTRUCTURA DEL PROGRAMA

31. Horario y transiciones*

1.1 El horario es demasiado rígido (no satisface las necesidades de muchos niños) o demasiado flexible (caótico, falta una secuencia confiable de los acontecimientos diarios).

1.2 Las transiciones son normalmente caóticas (ej.: mucho deambular sin objetivo; se deja a los niños en dispositivos restrictivos por largos períodos).

1.3 La proveedora no está normalmente preparada para lo que sigue en el horario.

1.4 La proveedora normalmente no brinda una supervisión adecuada durante las transiciones (ej.: brinda una guía mínima a los niños; poco seguimiento; la proveedora está ocupada con otras tareas y no está al tanto de lo que los niños están haciendo).

1.5 Se obliga a los niños a esperar 10 minutos o más durante cualquier transición, sin nada que hacer que les resulte interesante (ej.: los niños más grandes están sentados a una mesa por largos períodos esperando la actividad siguiente; se deja a los bebés en las cunas mientras todos esperan que se les cambie el pañal).*

3.1 El horario cumple con las necesidades de la mayoría de los niños (ej.: se alimenta a los niños cuando tienen hambre; los niños pueden completar las actividades antes de pasar a otras; pocos niños parecen aburridos durante las actividades; todos los niños tienen oportunidad de jugar).

3.2 La proveedora brinda algo de supervisión durante las transiciones, sin que se observen problemas mayores (ej.: guía a los niños más grandes en la limpieza; ayuda a los niños en edad de caminar más pequeños a que eviten conflictos cuando pasan de una actividad a otra).

3.3 La proveedora está preparada para la siguiente actividad en por lo menos la mitad de las transiciones (ej.: el caballete y los materiales de pintura están ordenados antes de la hora de arte de los niños más grandes; los materiales para la actividad de juego de los bebés están en su sitio antes de que la actividad empiece).

3.4 El juego activo y el tranquilo son variados para satisfacer las necesidades de los niños.

5.1 La proveedora ajusta el horario para satisfacer las necesidades diversas de los niños (ej.: pasa a una actividad nueva si los niños pierden interés; mueve a los niños que no se desplazan y están aburridos a un área de juego nueva; alarga la actividad de juego cuando los niños tienen ganas de continuar).*

5.2 La proveedora está casi siempre preparada para la actividad siguiente (ej.: el almuerzo está preparado antes de que los niños se sienten; los materiales están dispuestos para cuando llegan los niños en edad escolar).

5.3 No se observan interacciones negativas entre la proveedora y el niño durante las transiciones.*

7.1 La mayoría de las transiciones son graduales o individualizadas (ej.: se les cambia el pañal a los bebés o se ponen en la cuna para una siesta según las necesidades individuales, no todos al mismo tiempo; no todos los niños tienen que hacer la transición a la actividad siguiente al mismo tiempo; se da la bienvenida al hogar a los niños en edad escolar a medida que llegan, sin interrumpir las actividades en desarrollo).

7.2 Las transiciones son generalmente tranquilas (ej.: poco caminar sin rumbo; las tareas de transición se realizan eficientemente; atmósfera relajada).

7.3 Los tiempos de espera sin nada interesante que hacer nunca exceden los 3 minutos.*

Notas de aclaración

Ítem 32.

"Juego libre" significa que se les permite a los niños elegir los materiales y los compañeros y siempre que sea posible, que organicen el juego de manera independiente. La participación de la proveedora se da principalmente como respuesta a una necesidad específica de un niño, aunque pueda iniciar actividades para que los niños elijan. Los niños que no se desplazan necesitan que se les ofrezcan materiales para elegir libremente y que se les lleve a diferentes áreas para facilitarles el acceso. Cuando califique este ítem, considere todos los tiempos de juego libre observados, ya sea en el espacio interior principal y en otras áreas que usen los niños, como el exterior o un área de motricidad gruesa especial.

1.3, 3.3, 5.1, 5.2. Para obtener más información sobre la cantidad de tiempo que se requiere para el acceso al juego libre y qué materiales usar en él, consulte la definición de "accesible" en Explicación de los términos usados en la escala.

3.3. Los materiales deben estar accesibles cada vez que haya juego libre, ya sea en los espacios interiores o al aire libre.

5.2. Los materiales "amplios y variados" deben estar accesibles durante todo el tiempo de juego libre, ya sea en espacios interiores o al aire libre. Se deben observar pocos o ningún problema con compartir materiales, y si hay, se deben resolver rápidamente para que los niños mantengan el interés en la actividad. Debe haber suficientes materiales para que todos los niños estén contentos y ocupados. La proveedora puede necesitar ayudar a los niños para que se involucren en una actividad interesante si un niño no puede hallar algo de interés para hacer, pero la solución debe ser exitosa para otorgar crédito por este indicador.

5.3. Para otorgar crédito, ningún niño puede ser ignorado completamente durante los tiempos de juego libre. Para otorgar crédito por este indicador, la proveedora debe circular por los espacios de juego libre como una práctica general, y deben producirse ciertas interacciones con todos los niños.

7.1. Consulte la definición de "si el estado del tiempo lo permite" en Explicación de los términos usados en la escala. Tenga en cuenta que este indicador no se puede calificar NA, y requiere que todos los niños, incluidos los menores de 12 meses, tengan algo de juego libre al aire libre, en lo posible, según sus habilidades de desarrollo. Si el estado del tiempo no permite el juego al aire libre, califique según el juego libre en los espacios interiores. Para este indicador, no se requiere una cantidad mínima de tiempo al aire libre para cualquier grupo de edades.

Inadecuado		Mínimo		Bueno		Excelente
1	2	3	4	5	6	7

32. Juego libre*

1.1 Hay poco o ningún juego libre durante la observación.

1.2 Hay poca o ninguna supervisión e interacción de la proveedora durante el juego libre.

1.3 Los niños tienen acceso a materiales de juego inadecuados para usar durante el juego libre (ej.: muy pocos juguetes; los juguetes están generalmente en malas condiciones o no son aptos para los niños).*

1.4 Los niños generalmente no pueden completar actividades de manera significativa (ej.: el niño tiene dificultad para jugar sin la interferencia de otros niños; el tiempo de juego frecuentemente termina antes de que el niño esté listo).

3.1 Hay algo de juego libre durante la observación.

3.2 Hay algo de supervisión e interacción de la proveedora durante el juego libre (ej.: muestra a los niños cómo usar los juguetes; detiene el juego peligroso; nombra el juguete que el niño está usando; ayuda al niño que deambula, a encontrar una actividad interesante).

3.3 Se observa una cantidad adecuada de materiales apropiados accesibles para el juego libre de todas las edades.*

3.4 La proveedora mantiene las áreas de juego para estimular el juego libre constructivo (ej.: recoge el desorden; reorganiza los juguetes cuando es necesario).

3.5 Los niños juegan sin interrupciones frecuentes que causen angustia indebida.

5.1 El juego libre se desarrolla durante la observación con unos pocos intervalos menores en el acceso a los materiales.*

5.2 Todas las edades de los niños del grupo tienen acceso a materiales de juegos amplios y variados.*

5.3 La proveedora interactúa frecuentemente de manera positiva con los niños durante el juego libre (ej.: ayuda a los niños a conseguir los materiales que necesitan; muestra a los niños cómo usar los materiales y disfrutar de ellos; habla con los niños sobre su juego).*

5.4 La proveedora respeta las preferencias de los niños para jugar solos o con amigos.

7.1 El juego libre se desarrolla durante la observación, tanto en espacios interiores como al aire libre, si el estado del tiempo lo permite, sin intervalos en el acceso a los materiales.*

7.2 La proveedora usa una amplia variedad de palabras para expandir el conocimiento de los niños durante las actividades de juego libre.

7.3 Se producen muchas interacciones de enseñanza individualizada con los niños mientras juegan (ej.: contar los bloques de la torre de un niño; leerle a un pequeño grupo informal; ayudar a preparar plastilina, ayudar a los niños en edad escolar a leer y seguir las instrucciones de un juego nuevo).

Notas de aclaración

Item 33.

El "tiempo en grupo" lo inicia la proveedora y tiene la expectativa de que todos los niños participen. Califique *NA* este ítem con *Sí*, si no se observan actividades de juego en grupo, como cuando todos los niños presentes son bebés pequeños.

Este ítem se refiere a actividades de juego y aprendizaje, y no incluye rutinas ni transiciones. Además, este ítem no se refiere a esas actividades en grupo menos formales que generalmente se producen durante el juego libre, en las cuales los niños participan en grupos porque están interesados en hacer la misma actividad al mismo tiempo (por ejemplo, unos pocos niños eligen jugar cerca de otros; unos pocos niños juegan con la ayuda de una proveedora; 2 o 3 niños juegan juntos en un área de juego dramático, solo con una supervisión general por parte de la proveedora).

Además, este ítem no se refiere a las actividades iniciadas por la proveedora que se ofrecen como una opción durante el juego libre. Por ejemplo, durante el juego libre, una proveedora podría sacar los materiales de arte y preguntar si alguien quiere trabajar. En este caso, todos los niños pueden elegir si participar o no, y podrían continuar con lo que estaban haciendo si lo desean.

En algunos casos, se puede pedir a los niños más grandes que participen en el grupo, mientras que no se le pide a los más pequeños. Esto se sigue considerando tiempo en grupo para los niños más grandes y se debe calificar.

1.1, 5.1. Si se anima enfáticamente (pero no se obliga) a los niños para que participen en el comienzo de la actividad, pero se interesan con rapidez, disfrutando obviamente de la actividad, entonces califique *No* el indicador 5.1. Califique *No* el indicador 1.1. solo si los niños no se interesan ni disfrutan de la actividad, si se les recuerda con frecuencia que participen y si no hay alternativa de irse y hacer otra cosa.

5.3. Consulte la información sobre "accesible" en la Explicación de los términos usados en la escala.

7.2. Si el grupo entero es, en realidad, bastante pequeño, o si la presencia de un grupo más grande no causa problemas (sin un control rígido) y los niños están involucrados activamente, califique *Sí*.

33. Tiempo en grupo*

1.1 Los niños a menudo deben participar en actividades en grupo guiadas por la proveedora, aun cuando no estén interesados (ej.: son obligados a sentarse en el grupo para contarles un cuento; los niños están inquietos y tratan de dejar el grupo).*

1.2 Las actividades hechas en el tiempo en grupo son generalmente inapropiadas para los niños (ej.: el contenido es demasiado difícil para algunos; la actividad dura demasiado).

1.3 La proveedora responde negativamente cuando los niños no participan bien en el tiempo en grupo (ej.: se enoja con los niños; castiga a los niños con tiempo fuera).

3.1 Las actividades hechas en el tiempo en grupo son generalmente apropiadas (ej.: los niños prestan atención y están interesados; el tamaño del grupo funciona bien para la actividad que se está haciendo).

3.2 La proveedora raramente es negativa con los niños que tienen problemas para participar y les recuerda con gentileza que presten atención si es necesario, sin angustia indebida.

3.3. A veces los niños participan activamente en el tiempo en grupo (ej.: cantan, bailan, contestan preguntas).

5.1 Nunca se obliga a los niños a participar en actividades en grupo (ej.: se les permite que dejen el grupo y vayan a otra actividad).*

5.2 La proveedora es flexible y ajusta la actividad cuando es necesario (ej.: hay suficientes materiales para todos los que quieran participar; hace más lugar para los recién llegados; cambia la actividad cuando el interés de los niños disminuye).

5.3 Los niños que no participan o no se interesan en el tiempo en grupo tienen acceso a actividades alternativas satisfactorias.*

5.4 Los niños participan activamente en la mayoría de las actividades del tiempo en grupo.

7.1 Las actividades en grupo son populares e interesantes para todos los niños interesados (ej.: los niños parecen estar disfrutando de la actividad).

7.2 Las actividades en grupo se realizan generalmente en grupos más pequeños, en lugar de un solo grupo grande (ej.: los niños más pequeños, o los que tienen problemas de participación, son ubicados en grupos más pequeños).*

7.3 La proveedora satisface las necesidades de los niños para apoyar la participación (ej.: el niño distraído se acurruca en el regazo de la proveedora; se agregan señales para los niños con dificultades auditivas).

7.4 Algunas actividades en grupo estimulan a los niños en edad preescolar y a los más grandes a pensar según su nivel de desarrollo y a resolver problemas (ej.: emparejar, clasificar, estimar, hacer tablas, hacer gráficas y sacar conclusiones).
Observar una vez
NA si todos los niños tienen menos de 3 años

Notas

HOJA DE CALIFICACIÓN

Escala de calificación del ambiente para el cuidado infantil en familia®*, Tercera edición*

Thelma Harms, Debby Cryer, Richard M. Clifford y Noreen Yazejian

Observador: _____   Código del observador: ___ ___ ___

Hogar de cuidado infantil: _____   Código del establecimiento: ___ ___ ___

Proveedora(s): _____   Código de la proveedora: ___ ___

Cantidad de proveedoras presentes: ___ ___

Cantidad de niños inscritos en el hogar de cuidado: ___ ___

Cantidad máxima que la proveedora permite por vez: ___ ___

Cantidad máxima de niños presentes durante la observación: ___ ___

Cantidad total de niños que se han inscrito en el último mes: ___ ___

Cantidad de niños   de 0 a 5 meses de edad: _____

de 6 a 11 meses de edad: _____

de 12 a 17 meses de edad: _____

de 18 a 23 meses de edad: _____

de 24 a 35 meses de edad: _____

de 6 a 8 años de edad: _____

de 9 a 12 años de edad: _____

de 3 a 5 años de edad: _____

Fecha de observación: __ __ / __ __ / __ __
                                   m m d d a a

Hora de inicio de la observación: ___ ___ : ___ ___ ☐ a. m. ☐ p. m.

Hora de finalización de la observación: ___ ___ : ___ ___ ☐ a. m. ☐ p. m.

Cantidad de niños con discapacidades: ___ ___

Marque los tipos de discapacidad:

☐ físicas o sensoriales   ☐ cognitivas o de lenguaje

☐ sociales o emocionales   ☐ otras: _____

Ubicación del espacio de motricidad gruesa:

En espacios interiores: _____

Al aire libre: _____

Preferencias de alimento: _____

Alergias alimentarias: _____

ESPACIO Y MUEBLES

1.   Espacios interiores usados para el cuidado del niño | 1 2 3 4 5 6 7 | 5.4, 7.2. Accesibilidad:

	S N		S N		S N NA		S N
1.1	☐ ☐	3.1	☐ ☐	5.1	☐ ☐	7.1	☐ ☐
1.2	☐ ☐	3.2	☐ ☐	5.2	☐ ☐	7.2	☐ ☐
1.3	☐ ☐	3.3	☐ ☐	5.3	☐ ☐		
1.4	☐ ☐	3.4	☐ ☐	5.4	☐ ☐ ☐		

2. Muebles para el cuidado de rutina, el juego y el aprendizaje

| 1 2 3 4 5 6 7 |

	S N		S N		S N		S N NA
1.1	☐ ☐	3.1	☐ ☐	5.1	☐ ☐	7.1	☐ ☐ ☐
1.2	☐ ☐	3.2	☐ ☐	5.2	☐ ☐	7.2	☐ ☐
1.3	☐ ☐	3.3	☐ ☐	5.3	☐ ☐	7.3	☐ ☐ ☐
		3.4	☐ ☐	5.4	☐ ☐		
		3.5	☐ ☐				

7.1. ¿Hay mesas y sillas de tamaño infantil? ¿Y para niños en edad de caminar o más grandes?

3. Disposición del espacio interior para el cuidado del niño

| 1 2 3 4 5 6 7 |

	S N		S N NA		S N NA		S N NA
1.1	☐ ☐	3.1	☐ ☐	5.1	☐ ☐	7.1	☐ ☐
1.2	☐ ☐	3.2	☐ ☐	5.2	☐ ☐	7.2	☐ ☐ ☐
1.3	☐ ☐	3.3	☐ ☐	5.3	☐ ☐ ☐	7.3	☐ ☐
				5.4	☐ ☐ ☐		

3.1. ¿Hay materiales organizados por tipo? {S / N}

5.1. ¿Son de fácil acceso? {S / N}

5.3. ¿Son accesibles para los niños con discapacidades? {S / N}

5.4. ¿Hay un área acogedora? {S / N}

4. Exhibición de material visual para los niños

| 1 2 3 4 5 6 7 |

	S N		S N NA		S N NA		S N NA
1.1	☐ ☐	3.1	☐ ☐	5.1	☐ ☐	7.1	☐ ☐
1.2	☐ ☐	3.2	☐ ☐ ☐	5.2	☐ ☐	7.2	☐ ☐ ☐
		3.3	☐ ☐	5.3	☐ ☐ ☐	7.3	☐ ☐
				5.4	☐ ☐		

3.3, 5.4, 7.3. ¿Habla el personal sobre el material visual en exhibición?

A. Subescala (Ítems 1–4) Calificación __ __   B. Cantidad de ítems calificados __ __   **ESPACIO Y MUEBLES Calificación promedio (A ÷ B)** __.__ __

RUTINAS DE CUIDADO PERSONAL

5. Comidas y meriendas

| 1 | 2 | 3 | 4 | 5 | 6 | 7 |

	S	N		S	N		S	N		S	N
1.1	☐	☐	3.1	☐	☐	5.1	☐	☐	7.1	☐	☐
1.2	☐	☐	3.2	☐	☐	5.2	☐	☐	7.2	☐	☐
1.3	☐	☐	3.3	☐	☐	5.3	☐	☐	7.3	☐	☐
1.4	☐	☐	3.4	☐	☐	5.4	☐	☐	7.4	☐	☐
						5.5	☐	☐			

1.3, 3.3, 7.2. Lavado de manos: (√ = sí, p = parcial, X = no)

	Niños		Adultos
Antes de comer		Antes de preparar los alimentos, dar de comer	
Después de comer		Después de dar de comer	

3.3, 5.3. ¿Se usa el mismo lavamanos? {S / N}

¿Se desinfecta el lavamanos? {S / N}

¿Se lavan y se desinfectan las mesas y las sillas altas? _____

7.4. Ejemplos de charla de matemáticas

1. _____

2. _____

6. Cambio de pañales y uso del baño

| 1 | 2 | 3 | 4 | 5 | 6 | 7 |

	S	N		S	N		S	N		S	N
1.1	☐	☐	3.1	☐	☐	5.1	☐	☐	7.1	☐	☐
1.2	☐	☐	3.2	☐	☐	5.2	☐	☐	7.2	☐	☐
1.3	☐	☐	3.3	☐	☐	5.3	☐	☐	7.3	☐	☐
1.4	☐	☐	3.4	☐	☐	5.4	☐	☐			

1.1, 3.1. Procedimiento para cambiar pañales (todos los adultos observados): (√ = sí, p = parcial, X = no)

Preparación								
Eliminación adecuada								
Limpiar las manos del niño								
Limpiar las manos del adulto								
Higienizar área de pañales								
Higienizar lavamanos común								

Otros problemas:

1.1, 3.1. ¿Está higienizado el lavamanos común? {S / N}

1.1, 3.1. ¿Se lavan las manos? (√ = sí, p = parcial, X = no)

Adulto						
Niño						

A. Subescala (Ítems 5–8) Calificación ____ B. Cantidad de ítems calificados ____ RUTINAS DE CUIDADO PERSONAL Calificación promedio (A ÷ B) ____ . ____

8. Prácticas de seguridad

`1 2 3 4 5 6 7`

1.1, 1.2, 3.1, 3.2, 5.1, 7.1. Riesgos de seguridad:

	Mayor	Menor
En espacios interiores		
Al aire libre		

S N NA	S N NA	S N	S N
1.1 ☐ ☐ ☐	3.1 ☐ ☐ ☐	5.1 ☐ ☐	7.1 ☐ ☐
1.2 ☐ ☐ ☐	3.2 ☐ ☐ ☐	5.2 ☐ ☐	7.2 ☐ ☐
1.3 ☐ ☐	3.3 ☐ ☐	5.3 ☐ ☐	7.3 ☐ ☐
1.4 ☐ ☐	3.4 ☐ ☐	5.4 ☐ ☐	

7. Prácticas de salud

`1 2 3 4 5 6 7`

1.2, 3.2, 5.2, 7.1. Observaciones sobre el lavado de manos: (√ = sí, X = no, p = parcial)

	Niños	Adultos
Al llegar a clase o al reingresar desde afuera		
Antes del agua; después del juego con arena, con agua o juego desordenado		
Después de manipular fluidos corporales		
Después de tocar mascotas u objetos contaminados		

S N	S N	S N	S N
1.1 ☐ ☐	3.1 ☐ ☐	5.1 ☐ ☐	7.1 ☐ ☐
1.2 ☐ ☐	3.2 ☐ ☐	5.2 ☐ ☐	7.2 ☐ ☐
1.3 ☐ ☐	3.3 ☐ ☐	5.3 ☐ ☐	
1.4 ☐ ☐	3.4 ☐ ☐	5.4 ☐ ☐	
	3.5 ☐ ☐	5.5 ☐ ☐	

LENGUAJE Y LIBROS

9. Hablar con los niños

| 1 | 2 | 3 | 4 | 5 | 6 | 7 |

7.2. ¿Hay ejemplos observados de juego verbal?

	S	N		S	N		S	N		S	N
1.1	☐	☐	3.1	☐	☐	5.1	☐	☐	7.1	☐	☐
1.2	☐	☐	3.2	☐	☐	5.2	☐	☐	7.2	☐	☐
1.3	☐	☐	3.3	☐	☐	5.3	☐	☐			
1.4	☐	☐	3.4	☐	☐						

10. Motivar el desarrollo del vocabulario

| 1 | 2 | 3 | 4 | 5 | 6 | 7 |

5.4. Pasado y futuro

1. _____

2. _____

7.4. Ampliar la comprensión del significado de las palabras en los niños

1. _____

	S	N		S	N		S	N		S	N
1.1	☐	☐	3.1	☐	☐	5.1	☐	☐	7.1	☐	☐
1.2	☐	☐	3.2	☐	☐	5.2	☐	☐	7.2	☐	☐
1.3	☐	☐	3.3	☐	☐	5.3	☐	☐	7.3	☐	☐
						5.4	☐	☐	7.4	☐	☐

11. Responder a la comunicación de los niños

| 1 | 2 | 3 | 4 | 5 | 6 | 7 |

5.4. Dice las palabras que el niño trata de comunicar:

1. _____

2. _____

	S	N		S	N		S	N		S	N	NA
1.1	☐	☐	3.1	☐	☐	5.1	☐	☐	7.1	☐	☐	
1.2	☐	☐	3.2	☐	☐	5.2	☐	☐	7.2	☐	☐	
1.3	☐	☐	3.3	☐	☐	5.3	☐	☐				
			3.4	☐	☐	5.4	☐	☐				

12. Motivar a los niños a comunicarse

			1 2 3 4 5 6 7

	S N		S N		S N NA		S N NA
1.1	☐ ☐	3.1	☐ ☐	5.1	☐ ☐	7.1	☐ ☐
1.2	☐ ☐	3.2	☐ ☐	5.2	☐ ☐	7.2	☐ ☐
1.3	☐ ☐	3.3	☐ ☐	5.3	☐ ☐	7.3	☐ ☐
		3.4	☐ ☐	5.4	☐ ☐	7.4	☐ ☐ ☐
				5.5	☐ ☐ ☐		

5.5. Ayuda a los niños a comunicarse entre sí:

1. _____

2. _____

7.3. Preguntas que estimulan respuestas más complejas:

7.4. Conversaciones que van más allá de actividades y materiales:

13. Uso de los libros con los niños

			1 2 3 4 5 6 7

	S N		S N		S N		S N NA
1.1	☐ ☐	3.1	☐ ☐	5.1	☐ ☐	7.1	☐ ☐
1.2	☐ ☐	3.2	☐ ☐	5.2	☐ ☐	7.2	☐ ☐
1.3	☐ ☐	3.3	☐ ☐	5.3	☐ ☐	7.3	☐ ☐ ☐
		3.4	☐ ☐	5.4	☐ ☐	7.4	☐ ☐

7.1. Libros usados de manera informal:

1. _____

2. _____

7.3. ¿Sigue la palabra impresa con el dedo? {S / N}

7.4. ¿Amplía las ideas del libro? {S / N}

14. Motivar a los niños a usar los libros

			1 2 3 4 5 6 7

	S N		S N NA		S N NA		S N NA
1.1	☐ ☐	3.1	☐ ☐	5.1	☐ ☐	7.1	☐ ☐
1.2	☐ ☐	3.2	☐ ☐	5.2	☐ ☐	7.2	☐ ☐ ☐
1.3	☐ ☐	3.3	☐ ☐ ☐	5.3	☐ ☐ ☐	7.3	☐ ☐
				5.4	☐ ☐		

1.3. ¿Exige el uso de libros cuando los niños no están interesados?

1. _____

2. _____

A. Subescala (Ítems 9–14) Calificación __ __   B. Cantidad de ítems calificados __ __   **LENGUAJE Y LIBROS Calificación promedio (A ÷ B) __.__ __**

ACTIVIDADES

15. Motricidad fina

1	2	3	4	5	6	7

	S	N		S	N		S	N		S	N
1.1	☐	☐	3.1	☐	☐	5.1	☐	☐	7.1	☐	☐
1.2	☐	☐	3.2	☐	☐	5.2	☐	☐	7.2	☐	☐
1.3	☐	☐	3.3	☐	☐	5.3	☐	☐	7.3	☐	☐

1.1, 3.1, 5.1. Materiales para:

Bebés: Niños en edad de caminar:

Niños en edad preescolar: Niños en edad escolar:

5.3 Ayuda a los niños a aprender a usar los materiales:

    1. _____

    2. _____

7.3. Comentarios y preguntas sobre los conceptos

16. Arte

1	2	3	4	5	6	7	NA

	S	N		S	N		S	N	NA		S	N	NA
1.1	☐	☐	3.1	☐	☐	5.1	☐	☐	☐	7.1	☐	☐	☐
1.2	☐	☐	3.2	☐	☐	5.2	☐	☐		7.2	☐	☐	
			3.3	☐	☐	5.3	☐	☐		7.3	☐	☐	
			3.4	☐	☐	5.4	☐	☐		7.4	☐	☐	☐
			3.5	☐	☐								

7.1. Materiales de arte accesibles, de dos tipos:

Materiales de dibujo:

Pinturas:

Materiales tridimensionales:

Materiales para collage:

Herramientas:

17. Música y movimiento

1	2	3	4	5	6	7

	S	N		S	N	NA		S	N	NA		S	N	NA
1.1	☐	☐	3.1	☐	☐		5.1	☐	☐		7.1	☐	☐	
1.2	☐	☐	3.2	☐	☐		5.2	☐	☐		7.2	☐	☐	
			3.3	☐	☐	☐	5.3	☐	☐	☐	7.3	☐	☐	
			3.4	☐	☐						7.4	☐	☐	☐
			3.5	☐	☐	☐								

3.1, 5.1. Lista de materiales, juguetes e instrumentos accesibles

Bebés:

Niños en edad de caminar:

Niños en edad preescolar:

Niños en edad escolar:

18. Bloques

1	2	3	4	5	6	7	NA

	S	N		S	N	NA		S	N		S	N	NA
1.1	☐	☐	3.1	☐	☐		5.1	☐	☐	7.1	☐	☐	
1.2	☐	☐	3.2	☐	☐	☐	5.2	☐	☐	7.2	☐	☐	☐
			3.3	☐	☐		5.3	☐	☐	7.3	☐	☐	☐
			3.4	☐	☐		5.4	☐	☐	7.4	☐	☐	

3.2, 5.1, 7.2. Accesorios (comprobar si son accesibles)

   1. Transporte

   2. Personas

   3. Animales

5.4. Habla sobre el juego con bloques o participa en él:

   1. _____

   2. _____

7.4. ¿Usa la charla sobre matemáticas?

   1. _____

19. Juego dramático

1	2	3	4	5	6	7

	S	N		S	N		S	N		S	N	NA
1.1	☐	☐	3.1	☐	☐	5.1	☐	☐	7.1	☐	☐	
1.2	☐	☐	3.2	☐	☐	5.2	☐	☐	7.2	☐	☐	
			3.3	☐	☐	5.3	☐	☐	7.3	☐	☐	☐
						5.4	☐	☐	7.4	☐	☐	

5.1. Materiales para el juego dramático:

Bebés:

Muñecos _____

Animales de peluche _____

Teléfonos de juguete _____

Ollas y sartenes _____

Niños en edad de caminar:

Disfraces _____

Muebles de juguete de tamaño infantil _____

Alimentos de juguete _____

Platos y utensilios para comer _____

Muebles para muñecos _____

Animales de peluche _____

Niños en edad preescolar

Ropa para disfrazarse (masculina y femenina) ____

Utensilios de cocina y comida variados _____

Elementos de comida variados _____

Accesorios de trabajo, tiempo libre, fantasía _____

Muebles _____

Niños en edad escolar

Materiales para teatro
(pelucas, trajes, accesorios) _____

Muñecos de moda _____

Figuras con bloques interconectables _____

Figuras de acción _____

20. Naturaleza y ciencias

1	2	3	4	5	6	7

	S	N			S	N			S	N	NA			S	N	NA
1.1	☐	☐		3.1	☐	☐		5.1	☐	☐			7.1	☐	☐	
1.2	☐	☐		3.2	☐	☐		5.2	☐	☐	☐		7.2	☐	☐	☐
1.3	☐	☐		3.3	☐	☐		5.3	☐	☐			7.3	☐	☐	
								5.4	☐	☐			7.4	☐	☐	

5.2, 5.3. Ejemplos observados de naturaleza y ciencias en acontecimientos diarios:

¿Al aire libre?

¿En espacios interiores?

5.4, 7.4. Ejemplos de las interacciones de la proveedora

1. _____

2. _____

3. _____

21. Matemáticas y números

1	2	3	4	5	6	7

	S	N	NA			S	N	NA			S	N	NA			S	N	NA
1.1	☐	☐			3.1	☐	☐			5.1	☐	☐			7.1	☐	☐	
1.2	☐	☐	☐		3.2	☐	☐	☐		5.2	☐	☐			7.2	☐	☐	☐
1.3	☐	☐			3.3	☐	☐			5.3	☐	☐	☐		7.3	☐	☐	☐
1.4	☐	☐			3.4	☐	☐	☐		5.4	☐	☐			7.4	☐	☐	

3.1, 5.1. Materiales para matemáticas y números

Bebé o niño en edad de caminar	Niño en edad preescolar	Niño en edad escolar
1. _____	1. _____	1. _____
2. _____	2. _____	2. _____
3. _____	3. _____	3. _____
4. _____	4. _____	4. _____

22. Uso adecuado del tiempo de pantalla

| 1 2 3 4 5 6 7 NA |

	S	N		S	N	NA		S	N	NA		S	N
1.1	☐	☐	3.1	☐	☐		5.1	☐	☐	☐	7.1	☐	☐
1.2	☐	☐	3.2	☐	☐	☐	5.2	☐	☐		7.2	☐	☐
1.3	☐	☐	3.3	☐	☐		5.3	☐	☐		7.3	☐	☐
1.4	☐	☐	3.4	☐	☐								

23. Promover la aceptación de la diversidad

| 1 2 3 4 5 6 7 |

	S	N		S	N		S	N		S	N
1.1	☐	☐	3.1	☐	☐	5.1	☐	☐	7.1	☐	☐
1.2	☐	☐	3.2	☐	☐	5.2	☐	☐	7.2	☐	☐
1.3	☐	☐	3.3	☐	☐	5.3	☐	☐	7.3	☐	☐

5.2. Muñecos, ¿hay por lo menos de 3 razas?

5.3. Tipos de diversidad, en por lo menos 4 áreas

Raza

Cultura

Edad

Capacidad

Roles de género no tradicionales

7.1. Diversidad en las actividades o rutinas

1. _____

24. Motricidad gruesa

| 1 2 3 4 5 6 7 |

	S	N	NA		S	N	NA		S	N	NA		S	N	NA
1.1	☐	☐		3.1	☐	☐		5.1	☐	☐	☐	7.1	☐	☐	☐
1.2	☐	☐		3.2	☐	☐	☐	5.2	☐	☐		7.2	☐	☐	
1.3	☐	☐		3.3	☐	☐		5.3	☐	☐	☐	7.3	☐	☐	
1.4	☐	☐	☐	3.4	☐	☐		5.4	☐	☐	☐	7.4	☐	☐	
								5.5	☐	☐					

1.2, 1.4, 3.3, 3.4, 5.3, 5.5. ¿Hay equipos o materiales inseguros o inapropiados?

A. Subescala (Ítems 15–24) Calificación __ __   B. Cantidad de ítems calificados __ __   **ACTIVIDADES Calificación promedio (A ÷ B)** __.__ __

INTERACCIÓN

25. Supervisión del juego de motricidad gruesa

| 1 | 2 | 3 | 4 | 5 | 6 | 7 |

	S	N		S	N		S	N		S	N
1.1	☐	☐	3.1	☐	☐	5.1	☐	☐	7.1	☐	☐
1.2	☐	☐	3.2	☐	☐	5.2	☐	☐	7.2	☐	☐
1.3	☐	☐	3.3	☐	☐	5.3	☐	☐			
1.4	☐	☐									

26. Supervisión del juego y el aprendizaje (sin motricidad gruesa)

| 1 | 2 | 3 | 4 | 5 | 6 | 7 |

	S	N		S	N		S	N		S	N
1.1	☐	☐	3.1	☐	☐	5.1	☐	☐	7.1	☐	☐
1.2	☐	☐	3.2	☐	☐	5.2	☐	☐	7.2	☐	☐
1.3	☐	☐	3.3	☐	☐	5.3	☐	☐			
						5.4	☐	☐			
						5.5	☐	☐			

5.4. Actividades iniciadas por la proveedora

1. _____

2. _____

27. Interacción entre la proveedora y el niño

| 1 | 2 | 3 | 4 | 5 | 6 | 7 |

	S	N		S	N		S	N		S	N
1.1	☐	☐	3.1	☐	☐	5.1	☐	☐	7.1	☐	☐
1.2	☐	☐	3.2	☐	☐	5.2	☐	☐	7.2	☐	☐
1.3	☐	☐	3.3	☐	☐	5.3	☐	☐			
						5.4	☐	☐			

28. Proporcionar calidez física y contacto

1	2	3	4	5	6	7

	S	N			S	N			S	N			S	N
1.1	☐	☐		3.1	☐	☐		5.1	☐	☐		7.1	☐	☐
1.2	☐	☐		3.2	☐	☐		5.2	☐	☐		7.2	☐	☐
1.3	☐	☐		3.3	☐	☐		5.3	☐	☐				
				3.4	☐	☐								

29. Guiar el comportamiento de los niños

1	2	3	4	5	6	7

	S	N			S	N			S	N			S	N	NA
1.1	☐	☐		3.1	☐	☐		5.1	☐	☐		7.1	☐	☐	
1.2	☐	☐		3.2	☐	☐		5.2	☐	☐		7.2	☐	☐	☐
1.3	☐	☐		3.3	☐	☐		5.3	☐	☐		7.3	☐	☐	
1.4	☐	☐		3.4	☐	☐		5.4	☐	☐					
								5.5	☐	☐					

3.4,5.4. ¿Presta atención la proveedora a los niños cuando juegan bien?

Ejemplo 1. _____

Ejemplo 2. _____

5.5. La proveedora explica por qué no se permiten ciertos comportamientos (1 ejemplo):

7.1. ¿Hace la proveedora que los niños se den cuenta de cómo las acciones afectan a otros?

Niño 1. _____

Niño 2. _____

7.2. La proveedora ayuda a los niños a comunicarse para resolver problemas (1 ejemplo):

30. Interacciones entre los niños

1	2	3	4	5	6	7	NA

	S	N			S	N			S	N			S	N	NA
1.1	☐	☐		3.1	☐	☐		5.1	☐	☐		7.1	☐	☐	
1.2	☐	☐		3.2	☐	☐		5.2	☐	☐		7.2	☐	☐	
1.3	☐	☐		3.3	☐	☐		5.3	☐	☐		7.3	☐	☐	☐

7.1. Acciones, intenciones, sentimientos:

1. _____

2. _____

7.2. ¿Señala una interacción social positiva? {S / N}

7.3. ¿Inicia oportunidades para que los niños trabajen o jueguen juntos?

A. Subescala (Ítems 2.5 30) Calificación __ __   B. Cantidad de ítems calificados __ __   **INTERACCIÓN Calificación promedio (A ÷ B) __.__ __**

ESTRUCTURA DEL PROGRAMA

31. Horario y transiciones

| 1 | 2 | 3 | 4 | 5 | 6 | 7 | NA |

7.3. Ejemplo de más de 3 minutos de espera

	S	N		S	N		S	N		S	N
1.1	☐	☐	3.1	☐	☐	5.1	☐	☐	7.1	☐	☐
1.2	☐	☐	3.2	☐	☐	5.2	☐	☐	7.2	☐	☐
1.3	☐	☐	3.3	☐	☐	5.3	☐	☐	7.3	☐	☐
1.4	☐	☐	3.4	☐	☐						
1.5	☐	☐									

32. Juego libre

| 1 | 2 | 3 | 4 | 5 | 6 | 7 |

3.3. Materiales adecuados: ¿Al aire libre? {S / N}

¿En espacios interiores? {S / N}

	S	N		S	N		S	N		S	N
1.1	☐	☐	3.1	☐	☐	5.1	☐	☐	7.1	☐	☐
1.2	☐	☐	3.2	☐	☐	5.2	☐	☐	7.2	☐	☐
1.3	☐	☐	3.3	☐	☐	5.3	☐	☐	7.3	☐	☐
1.4	☐	☐	3.4	☐	☐	5.4	☐	☐			
			3.5	☐	☐						

5.2. Amplios y variados: ¿Al aire libre? {S / N}

¿En espacios interiores? {S / N}

33. Tiempo en grupo

| 1 | 2 | 3 | 4 | 5 | 6 | 7 | NA |

	S	N		S	N		S	N		S	N	NA
1.1	☐	☐	3.1	☐	☐	5.1	☐	☐	7.1	☐	☐	
1.2	☐	☐	3.2	☐	☐	5.2	☐	☐	7.2	☐	☐	
1.3	☐	☐	3.3	☐	☐	5.3	☐	☐	7.3	☐	☐	
						5.4	☐	☐	7.4	☐	☐	☐

A. Subescala (Ítems 31-33) Calificación __ __ B. Cantidad de ítems calificados __ __ **ESTRUCTURA DEL PROGRAMA Calificación promedio (A ÷ B)** __.__ __

Calificaciones de las subescalas y totales FCCERS

	Calificación total de la subescala	# de ítems calificados	Calificación de la subescala y total
Espacio y muebles			
Rutinas de cuidado personal			
Lenguaje y libros			
Actividades			
Interacción			
Estructura del programa			
TOTAL			

*Tenga en cuenta que las calificaciones de las subescalas son el total de las calificaciones para cada ítem de la subescala dividido por el número de ítems calificados en la subescala. Además, la calificación total FCCERS-3 es el total de todas las calificaciones de los ítems dividido por el número de ítems calificados.

Perfil de la FCCERS-3

Hogar de cuidado infantil familiar: _____

Proveedora(s): _____

Observación 1: ___ / ___ / ___
            m m d d a a

Observación 2: ___ / ___ / ___
            m m d d a a

Observador: _____

Observador: _____

I. Espacio y muebles (1–4)
Obs. 1 ☐ Obs. 2 ☐

1. Espacio interior usado para el cuidado del niño
2. Muebles para el cuidado de rutina, el juego y el aprendizaje
3. Disposición del espacio interior para el cuidado del niño
4. Exhibición de material visual para los niños

Calificación promedio de la subescala

II. Rutinas de cuidado personal (5–8) ☐

5. Comidas y meriendas
6. Cambio de pañales y uso del baño
7. Prácticas de salud
8. Prácticas de seguridad

III. Lenguaje y libros (9–14) ☐

9. Hablar con los niños
10. Motivar el desarrollo del vocabulario
11. Responder a la comunicación de los niños
12. Motivar a los niños a comunicarse
13. Uso de los libros con los niños
14. Motivar a los niños a usar los libros

IV. Actividades (15–24) ☐

15. Motricidad fina
16. Arte
17. Música y movimiento
18. Bloques
19. Juego dramático
20. Naturaleza y ciencias
21. Matemáticas y números
22. Uso adecuado del tiempo de pantalla
23. Promover la aceptación de la diversidad
24. Motricidad gruesa

V. Interacción (25–30) ☐

25. Supervisión del juego de motricidad gruesa
26. Supervisión (sin motricidad gruesa)
27. Interacción entre la proveedora y el niño
28. Proporcionar calidez física y contacto
29. Guiar el comportamiento de los niños
30. Interacciones entre los niños

VI. Estructura del programa (31–33) ☐

31. Horario y transiciones
32. Juego libre
33. Tiempo en grupo

Calificaciones promedio de las subescalas ☐

Escala de calificación: 1 2 3 4 5 6 7

ESPACIO Y MUEBLES
RUTINAS DE CUIDADO PERSONAL
LENGUAJE Y LIBROS
ACTIVIDADES
INTERACCIÓN
ESTRUCTURA DEL PROGRAMA

CALIFICACIÓN MEDIA TOTAL ☐

1 2 3 4 5 6 7

CALIFICACIÓN MEDIA TOTAL

Ejemplo de calificación para las calificaciones de la subescala y del total FCCERS

	Calificación total de la subescala	# de ítems calificados	Calificación de la subescala y total
Espacio y muebles	14	4	3.50
Rutinas de cuidado personal	11	4	2.75
Lenguaje y libros	24	6	4.00
Actividades	28	10	2.80
Interacción	26	6	4.33
Estructura del programa	10	3	3.33
TOTAL	113	33	3.42

*Tenga en cuenta que las calificaciones de las subescalas son el total de las calificaciones para cada ítem de la subescala dividido por el número de ítems calificados en la subescala. Además, la calificación total FCCERS-3 es el total de todas las calificaciones de los ítems dividido por el número de ítems calificados.

Perfil modelo
Perfil de la FCCERS-3

Hogar de cuidado infantil familiar: Sample

Proveedora(s): _____

Observación 1: 01 / 30 / 19   m m / d d / a a   Observador: Dave X

Observación 2: 04 / 30 / 19   m m / d d / a a   Observador: April O

I. Espacio y muebles (1–4)

Obs. 1 [3.50]   Obs. 2 [4.00]

Calificación promedio de la subescala [4.00]

II. Rutinas de cuidado personal (5–8) [2.75] [3.00]

III. Lenguaje y libros (9–14) [4.00] [3.00]

IV. Actividades (15–24) [2.80] [3.50]

1. Espacio bajo techo usado para el cuidado del niño
2. Muebles para el cuidado de rutina, el juego y el aprendizaje
3. Disposición del espacio bajo techo para el cuidado del niño
4. Exhibición de material visual para los niños
5. Comidas y meriendas
6. Cambio de pañales y uso del inodoro
7. Prácticas de salud
8. Prácticas de seguridad
9. Hablar con los niños
10. Motivar el desarrollo del vocabulario
11. Responder a la comunicación de los niños
12. Motivar a los niños a comunicarse
13. Uso de libros con los niños
14. Motivar a los niños a usar los libros
15. Motricidad fina
16. Arte
17. Música y movimiento
18. Bloques
19. Juego dramático
20. Naturaleza y ciencias
21. Matemáticas y números
22. Uso adecuado del tiempo de pantalla
23. Promover la aceptación de la diversidad
24. Motricidad gruesa

1 2 3 4 5 6 7

Información adicional

Información adicional